Hans Wolfgang Wolff

Von Affezäggus bis Zabbelfillibb

Hans Wolfgang Wolff

Von Affezäggus bis Zabbelfillibb

Hemdsärmelisch Hessisch – ein Intensivkurs

mit Zeichnungen von Ludwig Nardelli

SOCIETÄTS
VERLAG

2. erweiterte Auflage 2011

Alle Rechte vorbehalten • Societäts-Verlag
© 2007 Frankfurter Societäts-Druckerei GmbH
Satz: Sandra Diepolder, Societäts-Verlag
Umschlaggestaltung: Nicole Proba, Societäts-Verlag
Druck und Verarbeitung: CPI – Ebner & Spiegel, Ulm
Printed in Germany 2011

ISBN 978-3-7973-1047-1

Inhaltsverzeichnis

Vorbemäggung

Sie wolle Hessisch lerne? Odder Ihr eigerostete Hessischkennt-
nisse uffbessern? Dann sinnse hier rischdisch.

Es wär ja net auszudenke, wenn des Hessische erschendwann e
doot Schbraach wern deht wie des Ladein. Sie, des kennt bass-
iern! Mir Hesse wern ja immer wenischer, awwer die Eigeplackte
wern immer mehr. Aus alle Ecke von de Welt schdrömese zu uns
enei, die Annern, un mit Hessisch hawwese nix am Hut.

Nix geesche die Annern! Awwer mir Hiesische misse uns schwer
am Rieme reiße un ebbes fer die Erhaldung von unsere Hei-
matschbraach duhn, sonst schdäbbtse aus.

Dadezu wolle mir mit unserm Intensivkurs en klaane Beidraach
leiste.

Ihne winschemer en nachhaltische Lernerfolsch.

Verfasser un Verlaach

Für Rita

Allminanner dadegeesche

Neulisch haddemer Besuch vonnem Berliner Freund. Mit dem zusamme hawwemer e Mundartsendung im Hessefännseh aageguggt.

Also isch saach Ihne, ohne misch als Dollmeddscher hett der nix aafange kenne mit Werder wie Ank, Maabootscher, Gequellde, prääwele odder Flitsch.

Uff die Werder komm isch noch zurück, kaa Angst. Awwer in unsere erste Lektion wollemer maa des folschende Fennomehn bedrachde: mir Hesse neische asch zum Verschlugge von ganze Silbe, manschmaa sogaa von ganze Werder. Bassese uff:

Alle miteinander – allminanner.
Hinausgeschmissen – nausgeschmisse.
Darüber hinweggehen – driwwerweggeh.
Das haben wir ihm gesagt – des hammerm gesacht.
Ei, guten Tag, wie gehts? – Ei gude wie?
Wie bitte? – Hä?

Wenn jetz en Hergelaafene, Enschuldischung! en Eigeplackte maant, er kennt dadraus e Reeschel ableite, nix. Des Hessische mäscht nehmlich aach genau des Geescheteil.

„Dafür" schwillt aa zu dadefer, „damit" bleest sich uff zu dademit, „womit" dehnt sisch zu wodemit un „zappeln" schdreggt sisch zu zabbele.

Maane Sie, dass erschend e Gesetzmeesischkeit dadehinner schdeggt? Isch net. Dadriwwer (net dadedriwwer!) verreiß isch mer net die Platt. Uns Hesse is halt eifach de Schnawwel so gewachse.

A wie Aaschiss

Die Redd is im Folschende vom A.

Des A heert sisch bei uns unnerschiedlisch aa. Nemmer (nehmen wir!) emaa e Wort wie „angeben“. Bei uns werd des zu „aagewwe“. Dadebei muss mer des A dorsch die Nas schbresche, wie die Franzose. Des gilt fer die meiste Werder, die im Hochdeutsche mit An aafange, beischbielsweis „ankündigen“ = aakündische, „ankleben“ = aababbe, „anschauen = aagucke, „einen Verweis bekomme“ = en Aaschiss krieje.

Machese jetz net den Fehler, brinsibiell alle A's dorsch die Nas zu schbresche. Es gibt en Haufe Werder mit A, die ohne Nas auskomme, beischbielsweis Affezäggus, Allgohol odder Awweit.

Da fellt mer was ei. Mir hadde maa in de Schul en Austauschlehrrer aus Frankreisch. Der konnt erst des deutsche H net ausschbresche un hat dann so Sache gesacht wie „der -eutige Tag“, „ach du lieber -immel“, „isch wohne am Ost-afen“. Da hammer des H mit ihm gieebt un gieebt. Awwer dann hat ers aach da aagewend wos gaanix zu suche hat. Am schennste hat sisch des aageheert, wie er im Schemieunnerricht e Exberiment middere Abbaradur beschriwwe hat, wo innedrin en Bunsebrenner gebrannt hat. Da hadder nehmlisch gesacht „In ihrem Hinnern brennt eine Flamme“.

Ganz schwierisch werds, wenn dem hessische A im Hochdeutsche garkaa A enschbrischt. „Das eine Auge und das andere Auge auch“ werd bei uns zu „des aa Aach un des annere Aach aach“. Dadebei werd nur des A am Aafang dorsch die Nas geschbroche.

Die Wasch werd gewesche

Vom A haddemers ja schonn. Neue Brobleme komme mit dem Ä uff Sie zu.

Also des Ä schbresche mir fast wie e E im Hochdeutsche. Isch gebb Ihne e paar Beischbiele: Unser goldische Meedscher - Handkees - so Hose treescht mer heut nemmer. Komischerweis werd annererseits bei uns manschmaa e Ä ausem E. En Schlääschtschwetzer is bei uns aaner der dumm Zeusch redd, der also wörtlisch „schlecht schwätzt". Un bei uns werd „die Wasch gewesche" (Wäsche gewaschen). Da soll aaner noch dorschfinne, gell?

Da mer grad debei sinn, kenne mer aach die annern Umlaute gleisch mit dorschnemme.

Bei dem hochdeutsche Ö muss mer die Libbe schbitze. Des is uns zu umschdendlisch, desdeweesche schbresche mir des Ö mehr wie e E: So en Bleedhammel! So schee wie heut missts bleiwe. Die Keenischin von England is achzisch worn. Es heert net uff zu bassiern.

Mit unserm Ü is Vorsischt gebote. Meistens werds zu em I: Frieh iebt sisch was en Meisder wern will. Die fei Kich is ohne Schdeggriewe denkbaa. Vorsischt! Des mit dem Ü zu I klabbt net immer. So sinn bei uns heerbare Blehunge kaa Firz, sonnern Ferz.

Newebeibemäckt: Ausem hochdeutsche Furz werd bei uns en Forz. Mer muss da schonn genau hieheern.

Klar wie Kleeßbrieh

Dass sisch unser hessisch Mundaht zur Hochschbraach manschmaa verhält wie Schdackbier zu Bizzelwasser, des zeische Ihne die folschende Beischbiele:

Das ist egal – Des is gehubbt wie gedubbt

Die Frau ist eine Schwätzerin – Die Fraa babbelt eim e Loch in de Bauch

Das ist ziemlich unklar – Des is so klar wie Kleeßbrieh

Ich habe großen Hunger – Mir hengt de Maache nunner bis uff die Schdiwwel

Bis hierher und nicht weiter! – Jetz hawwe die Bosse e Loch!

Der kleine Junge schlägt dem Vater nach – Der Klaa vaddert sisch

Bei Anna habe ich etwas gesagt oder getan, was sie mir übelnimmt – Bei de Anna bin isch ganz schee ins Fedddibbsche getrede

Alles nur Fassade! – Owwe hui, unne fui!

Der Rock ist zu weit – Da basst ja noch en Unnermieder nei

Er schielt – Der guggt middem linke Aach in die rescht Wesdedasch

Der Willi hat aber sehr abgenommen – De Willi is ganz schee vom Flaasch gefalle.

Wenn aam de Kraache blatzt

Heut bescheffdische mer uns emaa mit dem Buchschdabe G.

Des G verwannelt sich im Hessische gern in e CH odder SCH. Ausem Vogel werd so en Voochel un in de Mehzahl Veechel, odder Veeschel. Schreesche Veeschel sinn kaa Veeschel, newebei bemäckt.

Noch e paar Beischbiele: Die Rentner beklaache sisch, weil ihr Rente nemmehr schdeische. Dene blatzt da schon emaa de Kraache. De Heilsche Vadder hat uns sein Seesche gegewwe. Belooche un betrooche hawwe uns die Bolliddigger. Nur net so uffge-reescht, mir wern all emaa innen Sarsch geleescht.

Uffgebasst! Die obische Bemäckunge sinn nur gildisch fer des G innedrin im Word odder am Schluss. Am Aafang schbrischt mers wie im Hochdeutsche: Fuchs du hast die Gans (net die Schans!) geschdohle.

Was die ganz Sach widder forschbaa dorschenanner bringt, sinn Ausdrick wie „verhaache". Da denkt so en aame Eigeblackte, des misst ausem Wort wie „verhage" herkomme – nix. Des kimmt von „verhauen". Erklern kann isch des net, un wenn se misch doothaache.

Kaa Schberenzjer bidde!

Von was haddemers? Ach ja, vom Verhaache.

Da sollte mer vielleischt maa die Sach mit dem CH un dem SCH hinner uns bringe. Es is nemlisch so, des hawwe Sie ja lengst gemäckt, dass mir des hochdeutsche CH beinah brinsibiell wie e SCH ausschbresche: Da geht eim mansches dorsch de Kobb - Des leuscht aam ei Maabootscher sinn kaa Schiffscher wo uffem Maa rumschwimme, sonnern iwwergroße Schuh.

Ehnlisches gilt fer SP. Bei uns werd geschbielt. Allerdings kenne nur die Werder drumerum aam klaamache, ob „gespült" odder „gespielt" gemaant is. Schwierisch.

Schbatze sinn demnach „Spatzen". Schberenzjer mache, dademit maant mer „Schwierigkeiten machen". Annererseits sinn die Viescher, die wo sisch im Sommer uff de Kwetschekuche setze aach bei uns Wespe, un kaa Weschpe. Da kennt mer grad verrickt wern, awwer so isses halt.

Oft kammer ja den Iwwergang vom Hochdeutsche zum Hessische einischermaaße verschdeh, weil de Unnerschied net so gewaldisch is. Awwer dann schdeeßt mer uff aamaa uff Werder, da heerts uff, da hilft aam des Hochdeutsch garnix mehr.

Hier sinn so e paa scheene Werder: Labbeduddel, bambele, verdeppel aach, Gaasegichter, klaa Gewerzel, Enteberzel, Weljerholz, Gorkser. Von dene redde mer schbeter.

Die Babschä im Kellä

Unser R is gaanet so leischt zu finne.

Es fehlt an Awweit. Bidde, wo is da des r? Mondenegro (ui, da hats e bissi rausgelunzt!) hat sisch jetz aach von de Sääbe getrennt. Wo is des r bei de Sääbe hiegekomme?

Aach mir misse emaa schdääbe, äschendwann, un mansche Verwande freue sisch schonn, dasse dann ebbes von uns ääbe.

Gut, manschmaa schdeggt des R sei Köbbsche e ganz klaa bissi raus, morjens, odder morschens zum Beischbiel. Awwer hinne isses ganz weg.

Mansche Leut iwwerdreiwes dademit ja e bissi. Des heert sisch dann so aa:

Moschens um siwwe, wenn die annän Leut noch in de Feddän (Federn!) lische, schdeischt de Hä Millä (Herr Müller) nunnä in sein Kellä, wo ä als Bordefellä schafft. In de Leddäschdatt Offebach gibts nemlisch Leut wo Leddäwaan in Heimawweit häschdelle, Damedasche, Briefdasche un so Zeusch. Die nennt mä dort entweddä „Babbschä", weil se viel mit Klebschdoff handiern - bei uns wäd halt net „geklebt" sonnän „gebabbt" – oddä Bordefellä. Des kommt aus dem Franzeesische Wort „portefeuille".

Isch glaab ja net, dass en Franzos des Wort in de Schbraach vonnem Offebeschä Bordefellä widdääkenne deet.

Zwischetest 1

Versuchese bidde, die Uffgabe zu löse, ohne uff de Schlissel unne uff de Seit zu gugge.

1 Schreibese die folschende Werder uff hessisch:
hinausgeschwommen ....
hineingetreten ....
hinuntergespült ....
hinaufgelaufen ....
darübergelegt ....
daringeblieben ....

2 Ergensese bidde folschende Setz:
Die Rentner .... sisch, weil die Rente nemmer .... In so Fell blatzt aam schonn emaa de .... Urbi et Orbi is der .... , wo vom Pabst erteilt werd. Belooche un .... simmer worn. Wemmer doot is, werd mer innen .... geleescht.

3 Setzese des bassende Haubtwort ei:
Die Lisbet is die .... von England.
Aaner, der dumm Zeusch schwetzt, is en ......
....
En Maachewind is en ....
Zwaa Maachewinde sinn ....

4 Nennese e schee hessisch Wort fer:
a) Verweis, Tadel ....
b) ankleben ....
c) das menschliche Sehorgan ....
d) verprügeln ....

Schlissel

1 nausgeschwomme – neigetreede (besser: neige-
dabbt) – nunnergeschbield – nuffgelaafe – driw-
wergeleescht – dringebliwwe

2 beklaache – schdeische – Kraache – Seesche –
betrooche – Sarsch

3 Keenischin – Schlääschtschwetzer – Forz – Ferz

4 a) Aaschiss, b) aababbe, c) Aach, d) verhaache

Zimmlisch aageduddelt

Wisse Sie, was e „Knallaach" is? Sehn Se, der Lernschdoff geht uns net aus. E Knallaach is e Aach, des sisch drumerum schdack väfäbbt hat, weil eim aaner druffgehaache hat. Meistens krieht die Schdell dann so en Schdisch ins Bläulische.

Des is mir aach emaa bassiert. Da bin isch neulisch nachem feuschtfrehlische Keeschelaamend aageduddelt haamgekomme. „Aageduddelt" is mer nach, saachemermaa, siwwe odder acht Glas Ebbelwei, odder mehr, je nachdem wieviel Iebung mer im Schobbepetze hat. Schobbepetze, falls Sies net wisse, is e ibblisch Word fer Ebbelweitrinke.

Wo waan mer schdehgebliwwe? Ach ja, beim Knallaach. Isch komm also e bissi aageduddelt dehaam aa, mach die Dier uff, was gaanet so eifach waa, Dunnerkeil!, da schdeht mei Fraa dehinner un hääscht mer middem Weljerholz aan iwwer de Schwelles.

Erschendwie bin isch dadenach doch in mei Bett gekomme, awwer am näschste Morsche hadd ich e mords Knallaach. So kanns gehe.

Was e Weljerholz un en Schwelles is, verklicker isch Ihne e anner Maa.

KOBB (AACH SCHWELLES ODDER WERSCHING)

DES AA AACH   DES ANNERE AACH

DIE HAAN

DIE GORSCHEL

DIE OHRN

DIE SCHNUT

DIE ANK
(AACH KNICK)

DIE ÄHM

DIE WAMB

NET
JUUCHEND
FREI

HINNE:
BOBBES
AACH
BOBBO

DIE BAA

DIE FIESS

Von Anke, Ähm un Baa

Ihne geht sischer noch des Weljerholz im Kobb erum. Un de Schwelles.

Also: e Weljerholz is e beweschlisch Roll mit zwaa Handgriff zum Ausrolle von Nudelteisch, des wo mer im Hochdeutsche e Nudelholz nennt. Un de Schwelles is eim sein Kobb. Mer kann dadezu awwer aach Wersching saache, sischer weil en Wer-schingkobb e endfännt Ehnlischkeit mit em menschlische Kobb hat.

De Kobb, odder Schwelles, odder Wersching is uns en willkom-mene Aalass, unser Uffmäcksamkeit emaa uff die menschlische Kerberteile zu rischde. Links un reschds vom Kobb befinne sisch die Ohrn un owwedruff die Haan (Haare - bidde des aa dorsch die Nas schbresche), awwer nur wenn der Dreescher kaan Bladdkobb hat. Wenn die Schdern immer mehr nach hinne wächst, is des de Aafang vonnem Bladdkobb.

Unnerhalb vom Kobb, hinne, hawwemer die Ank oder des Knick, noch weider unne de Bobbes, der selbst bei große deutsche Glassiger schonn emaa Arsch genannt werd. Bei uns heißter awwer Aasch. Des r halde mir fer iwwerflissisch.

Mit was mer leeft und needischenfalls um sisch hääscht, des sinn die Baa (dorsch die Nas!) und die Ähm. Was mer net im Kobb hat, muss mer in de Baa hawwe, säscht mer bei uns, wem-mer ebbes erschendwo vergesse hat un musses hole.

Isch deet Ihne ja gern noch e paar scheene Werder fer gewisse delikaade Kerberteile gewwe, awwer es is net mer genieschend Blatz uff de Seit.

Goggolores

Wie Blehunge un Gehhilfe mit meim Gebabbel hier zusamme-
henge, des kennt Ihne e mir normalerweis zimmlisch naheschde-
hende Person iwwerdeudlisch saache, wennse Geleeschenheit
dadezu hett. Hattse awwer net. Krietse aach net. Die maant
nehmlisch, mei Geschribbsel wer Goggolores, Bleedsinn, dumm
Zeusch, des kaam ebbes nitze deet, korz gesacht, des wern alles
nix anners wie Ferz mit Kricke.

Schwamm driwwer.

Was die „scheene Werder" bedrifft, sollt isch Ihne vielleischt
noch die Gorkser erklern. Also: Gorkser sinn aach Geräusch wo
von innwennisch rauskomme, awwer im Geeschesatz zu de
//////////////////// (die Schwäzzung schdammt von der oobische Per-
son) machese sisch nach owwe Luft.

Wisse Sie, was e Dutt is? Da kimmt des eninn, wasse beim Aldi
eigekaaft hawwe. Kaan Hess deet des Tüte nenne, naa, wäcklisch
net. Wer aagibt wie e Dutt voll Migge (Mücken), des is en
Schaumschleescher.

Vonnem Schudd redd mer, wenns bei em Wolgebruch wie mit
Aamer vom Himmel runnermäscht. Hinnerher hawwe die Kin-
ner, die mer bei uns bekanndlisch gern als klaa Gewerzel bezei-
schent, en Mordsschbass, wenn se maa orndlisch in die Pitsche
neidabbe kenne. „In Pfützen hineintreten", naa, des mache die
net.

Klaa Gewerzel un Labbeduddel

Sie wadde ja sischer schonn uff die scheene Werder, die mer aagekindischt hawwe. Gut, da wolle mer maa net so sei .

„Klaa Gewerzel", des sinn die klaane Kinner, die da sei misste, awwer net da sinn, um die viele aale Kricke rentemeesisch dorschzubringe, bis se die Radiesjer von unne aagucke.

Wenn ebbes „bambelt", dann schwingts hie un her, so wie die Glocke im Kerschtorm, odder wie de „Scheuerbambel". Des warn nachem Kriesch die Bledder von selbstgezoochenem Tawwack, die die Raucher innere zigareddeaame Zeit innere Scheun, odder Mansard, odder sonst erschendwo zum Trockne uffgehengt hawwe.

En „Labbeduddel" is so was wie en Hansworscht, aaner, der net ernst zu nemme ist. Mer kennt en eiordne in die Kaddegorie von dene unzehlische Schimpfwerder un Flüüsch, fer die des Hessische bekannt is. Irschendaaner – isch wars net! – hat en Kalenner rausgebracht, in dem jedem Daach e anner Schimpfwort beigegewwe is, mer glaabts net, dreihunnertfünfunseschzisch Schimpfwerder! Ausdrick wie Olwel, Kleeskobb, Aaschgesischt, Gifdniggel, Peifekobb, Schlabbmaul, Krimmelkagger, Bloßaasch, Bleedhammel, un weidere iwwer dreihunnert annere! Naa, des gibts net. Des hääscht de schdäckste Neescher um (nix geesche Neescher, des sinn aach Mensche, genau wie die Terke).

Zwischetest 2

1 Setzese bassende hessische Werder ei:
   Kopf; Spülen; Kirchturm; Krieg; Hanswurst

2 Nennese minnsdens drei scheene Schimpfwerder:

3 E Aach wo aam aaner druffgehaache hat is e ....
   Nach siwwe odder acht Ebbelwei is mer schonn e bissi
   .... Aaaner wo reeschelmee-
   ßisch Ebbelwei trinkt is en .... E Roll mit
   dere mer Teisch ausrollt is e ....
   ....

4 Womit mer leeft, des sinn die ....
   En Kobb wo kaa Haan mehr hat is en ....
   .... De Brust uff de Vorderseit endschbrischt
   hinne die .... Wodruff mer hoggt,
   des is de ....

Schlissel

1 Kobb (Schwelles, Wersching) – Schbiele – Kersch-
torm – Kriesch – Hanswurscht
2 Kleeskobb – Schlabbmaul – Olwel
3 Knallaach – aagedudddelt – Schobbepetzer – Wejer-
holz
4 Baa – Bladdkobb – Ank – Bobbes (aach Bobbo)

Lidderadur

Zu Ihre Gunsde mescht isch emaa aanemme, dass Sie die bisheri-
sche Lektione sorschfeldischst un peinlischst genau bis uffs i-Dib-
belsche dorschgeawweit hawwe.

Sie hawwe dademit schon en gewisse Grundwordschatz erwor-
be un e gewisses Gefiehl fer die grammaddische Eischenheide von
unsere hessische Mundaht gekrieht.

Desweesche schdreu isch ab jetz alsemaa zwische die einzelne
Lektione klaane Geschischdscher un Gedischdscher als zusetzli-
sche Leseschdoff.

Da isch dadebei uff jeeschlischen Kommendar un peddagoogi-
sche Beischdand verzischt, wern Sie sozusaache ins eiskalte Was-
ser geschmisse, awwer erschendwie wern Sie schon allaans dade-
mit fäddisch wern.

Loblied uff die Klaamackthall

Am Frankforder Liebfraebersch,
net weit von dere schene Kersch,
da schdeht se, unser Klaamackthall.
Dort bleibt se aach, uff jeden Fall.

Hier find mer, was mer will, zum Esse,
zum Beischbiel Worscht aus Owwerhesse,
schee frische Fisch aus Meer un Fluss,
un wenn mer will, en Oggdobus.

Hier fuddern Leut maa uff die Schnelle
e Flaaschworscht odder Friggadelle,
doch die wo schnubbern an em Kees,
des sinn vermudlisch die Gurmehs.

Suche se Schbezzjallidede?
Eneischbazziert! Hier sinn Pasdede,
Sushi, Triffel, Kawia
un Russetee fern Samowa.

Dort gibts en Schdand wo Fläschjer blinke.
Was wolle mer heut awend trinke?
Vielleischt en Riesling fer de Babba
un hinnerher so zwaa drei Grabba?

Aans muss mer unbedingt erwehne:
Blumme gibts aach, un was fer scheene!
Un noch was derf mer hier erwadde:
Gude Radschleesch fer sein Gadde.

Was mer hier sieht is gut fern Maache,
doch es erfreut aach eim sei Aache.
Wer isch en Maler, ich deets male,
wie so en Meister, so en aale.

Guckt mer sisch um, werd mer begreife,
mer brauch net in die Fänne schweife.
Beglickt leeft mer von Schdand zu Schdand:
HIER ISSES, DES SCHLARAFFELAND!

Der Verfasser, Hans Wolfgang Wolff, hat unlängst im Verlag M. Naumann einen Band

Mundartgedichte unter dem Titel „In Frankfort dehaam" veröffentlicht.

Schlambes

Wie kammer sisch schwierische Werder am beste eibreesche?

Hier is en gude Tibb: Schbreschese des Word laut aus, am besde e paar maa hinnernanner, un machese gleischzeidisch e dadezu bassende Beweeschung.

Sie erinnern sisch an des Wort „verhaache"? Solldeses vergesse hawwe: eifach zwaa, drei Maa laut vor sisch hie schbresche un dadebei uff erschenden (irgendeinen) Bobbes kladdsche, notfalls Ihrn eischne, wenn kaan annerer zur Hand is.

Sie wisse was en „Kuhbladdscher" is? Also: die Milch kimmt bei de Kuh ausem Euder raus un de Kuhbladdscher e Schdick heher, hinne owwe, direkt unnerm Schwanz. Schbreschese des Wort aus, un kladdschese gleischzeidisch in die Hend. Net zu kreffdisch! Schee langsam un waasch. Des is genau des Geräusch wo de Kuhbladdscher mäscht, wenner uff de Wiss (Wiese) uff-schlääscht.

„Schlambes" nennt mer Erd, wennse uffgewaascht is. Also geht mer am beste bei schdaggem Reesche uff de neeschste Agger, trambelt in der uffgewaaschte Erd rum un säscht laut vor sisch hin: Schlambes, Schlambes, Schlambes.

„Bambele", also hie un herbaumele, kammer so lerne: Mer hoggt sisch uffen Disch, lässt die Baa bambele un säscht: „Ei gug-gemaa aa, isch bambel mit de Baa". Dorsch den Reim werd der Länneffekt verschdäckt. So e Gebambel gedenkt eim ewisch.

En Schdobbe uffen Endeberzel

Des P is aach en indressande Buchschdabe. Am Wordaafang heert sischs aa wie im Hochdeutsche. En Puff is aach bei uns en Puff. Awwer im Wort innedrin un hinne ennert sisch die Sach. Da werd en Zappelphilipp zum Zabbelfillibb un stoppen zu schdobbe. Des gilt iwwrischens aach fer „pf". Schdobbe kann also stoppen un eweso gut stopfen bedeute. Un wo mer grad debei sinn: was e Flasch owwedruff hat, des is aach en Schdobbe. Mein väschdorbener Obba hat misch, wie isch noch en klaane Bub war, alsemaa forschbar geäschert, wenn er uff mei Fraach „Was mäschsten da, Obba?" geantwort hat „Ei en Schdobbe uffen Endeberzel" (Entenbürzel).

Da fellt mer noch en scheene Ausdruck ein. Wisse Sie, was Kadoffelschdobbele is? Des kenne Ihne Sennjohrn wie isch gern erklern. Mir hadde nachem Kriesch e asch Hungerzeit zu iwwerschdehe. Da sinn mer im Schbeetsommer un Häbbst als uff die Felder wo schonn abgeernt warn un hawwe die von de Bauern iwwersehene Kadoffel uffgesammelt. Des hat mer damals Kadoffelschdobbele genannt, in Aalehnung an des Eisammele von Ehrn vonnem Schdobbelfeld.

Newebeibemäckt: Wenn newe dem Kadoffelagger en Rieweagger war, da hawwe mer manschmaa aach e paar Riewe erausgerobbt. Des war nadierlich verbode, awwer was mäscht mer net all, wemmer von morjens bis aamends Hunger hat! Was hat mein Obba damals gesacht? „Ieb immer Treu un Redlischkeit, un wenn de was verwische kannst, dann schaff ders uff die Seit".

Gasdauwweider beim Ferderenne

Iwwer des P hawwemer uns ja schonn Gedangge gemacht, awwer vielleischt sollte mer uns des PF noch e bissi genauer aagugge.

So newebei hawwese ja schonn midgekrieht, dass „Pfützen" bei uns Pitsche sinn. „Himmelaaschunzwern" is en Fluch, awwer middem Fluch zieht aach en Bauer Forsche dorsch sein Agger. „Gebb Föötsche", secht mei Fraa oft zu unserm Daggel, awwer der is ganz schee fiffisch un mescht des nur, wenner aach ebbes dadefer krieht.

Werder wie Firsich, Ferderenne, Pelzer Wei, rumhibbe, Husdedrobbe, aaklobbe, Fui Deiwel mache Ihne also jetz kaa Schwierischkeide mehr.

Des SP hawwemer schon beschbroche. Sie erinnern sisch hoffendlisch an die Schbatze un die Schberenzjer. Awwer aach des ST bedaff unserer Uffmäcksamkeit. Genau wie des SP werd aach des ST bei uns zu Sch. Isch geb Ihne e paa Schdischworde: Schdachelbeern, Schdeschmigge, Schdirnhehlekadda, Schdolberschdaa, Schduhlgang.

Innedrin in de Werder werd aus dem ST meisdens SD. Aach dadefer e paa Beischbiele: Fasdekur, Gasdawweider, Leisdungsdreescher, Posdilljong, Pusdeblumme.

Wenn se des bedabbelt (verstanden) hawwe, kenne se maa folschenden Satz ins Hessische iwwersetze: Ein Pforzheimer Pfarrer stößt an einen spitzen Stein.

Im Zoologische Gadde

Wenns Ihne rescht is, machemer maa e Extraiebung schbeziell fer korreggde Ausschbraache. Die Zoolooche habbe da en ganze Schwung scheene Werder parat. Bidde duhn Sie die eifach emaa laut vor sich hie schbresche:

Viescher wo rumschwimme

Kabbfe, Heschde, Rotaache, Seeferdscher, in juuchendlischem Alder aach Molsche un Fresch. Die haaße dann awwer noch net Fresch, sonnern Kaulkwabbe. Ob Krodde in zaadem Alter aach schwimme kenne, also ählich, isch waaßes net.

Viescher wo rumfliesche

Amsele, Drossele, Elsdern, Läsche, Schdersch, Rodkehlscher, Käuzjer, Schbaddse, Meewe, Gens un Ende, Schbeschde, Guggugge un Babbegeie. Es gibt iwwrischens aach flieschende Fisch. Des sinn aber kaa Veeschel. Maikewwer sinn weder Fisch noch Veeschel, kenne awwer im Alder fliesche.

Viescher wo rumkrabbele, dadevoo einische aach fluuchfäisch

Heuschregge, Schdeschmigge, Läus un Flee, Modde, Termidde, Tausendfießler, Faueaache, un vor alle Dinge unheimlisch viele Kewwern, von dene immer widder neue Aade endeggt wern. Isch selwer hab gestern aan im Brodkaste endeggt.

Viescher wo rumkriesche

Bludeeschel, Schnegge, Kreuzoddern, Reeschewörmer. Isch persönlich kriesch nachem Middachesse gern fer e Schdindsche unner die Beddeck, isch bin awwer kaan Worm.

Viescher wo ihr Junge säusche

Maulwerf, Eischhörnscher, Kaniggel, Fix un Welf, Beern, Leopadde, Leewe, Tiescher, Schdeibeck, Schimmbannse, Ellefande. Hawwe Sie gewusst, dass Ischel aach Säuschediern sinn? Also isch kann mer schwer vorschdelle, wie die klaane Ischelscher bei dene viele Schdachel an die Mudderbrust komme, awwer erschendwie scheins ja zu geh.

ZAHNRADBAHN
ZUM LOHRBERG

SEILBAHN
ZUM LOHRBERG

Midde Bahn zum Lohrbersch

Scheene Gebirsche hawwemer in Hesse. Taunus, Voochelsbersch, Rhön, Odewald un Schbessat. Net zu vergesse de Frankforder Lohrbersch, der immerhin einhunnertachzisch Meder iwwern Meeresschbieschel enausraacht.

Die Frankforder wisse, wasse an dem Lohrbersch hawwe. Jederzeit kennesen beschdeische, aach ohne besonnere Seilschafte. Allerdings hawwe die Sennjohrn Schwierischkeide.

Mer waaß ja, wies is. Die Leut wern immer elder, die Knie un die Hifde wern immer schdeifer, die Mobbillidät nimmt immer mehr ab. Wie gern dehte unser Aale nach wie vor uff ihrn geliebde Lohrbersch schdeische!

Es gibt scheins e bissi Hoffnung. En Scheisch aus Dubai soll nemlisch dem Maggisdraht e Aagebot fer e Seilbahn zum Lohrbersch vorgeleeescht hawwe.

Wie zu erwadde war, hats im Schdattballament unner de bolliddische Baddeie Krach dadriwwer gegewwe. Die Griene hawwe gebrillt, des wär e unerdrääschlisch Väschandelung vonere aale Kuldurlanschaft. Die Sozis annererseits sinn aus Sischerheidsgrinde mehr fer e Zahnradbahn. Des widderum basst dem Arrawerscheisch net in sein Kram.

Jetz mäscht mer sich nadierlisch Sorsche, dass der de ganze Kram hieschmeißt. Awwer vielleischt schaffds ja unser Owwerbirschermeisderin, alle unner ihrn Hut zu bringe.

Rendner im Gadde

De Buchschdabe T hats aach in sisch.

Gugge Sie manschmaa Taadort? Mei Fraa un isch gugge den manschmaa, awwer nur wenns net zu viele Doode gibt. Mondaachs kimmt ja neuerdings widder de Alde im Fännseh. Der is ja net so asch bludisch, Goddseidank. Geleschendlisch gugge mer uns aach emaa en Krimmi im Kinno aa, awwer die Kadde sinn doch asch deuer.

Als Rendner kennt mer da schon alsemaa die Gaasegischder kriehe. Als schdeische die Breise, awwer die Rende wern eigefrorn! Zum Fordlaafe is des.

Nur gut, dass mer en Gadde hawwe. Da kenne mer unser Tomade, Roderiewe, Kweddsche un so Zeusch selwer ziehe.

Isch saach Ihne, so en eischne Gadde is wäcklisch en Seesche. Wemmer sisch bloß net so oft bicke misst beim Unkraudrobbe!

Alles immer die Hos

Die Frankforder hawwe widderemal aan in de Kron. En neue Edelschdei. Was isch maan is des neue Klamoddemuseum am Sachsehäuser Ufer. Hawwe Sie net des Blakad geseh mitere Weschelein, wodruff lauder unnerschiedliche Hose gehonke hawwe? Un unnedrunner hats gehaaße:

DIE HOSE – EINE KULTURGESCHICHTE DES BEIN-KLEIDS

„Beinkleid". Des gefellt mer. Wenn ischs nechstemal e Hos brauch, geh ich zum Ott & Heinemann un saach: „Ich det mer gern emal e paar von ihre Beinkleider aagucke."

Also misch hat die Sach inderessiert, un isch hab sogar e Kadd fer die feierlisch Eröffnung von dere Ausschdellung gekrieht. Da hat so ein Professer von de Offebecher Fachhochschul fer „Gewandwesen" (noch so en hochgeschdochene Ausdruck!) en Vordraach gehalde iwwer die Effolussion des Beinkleids von de aale Egibder bis heut. Mer glaabts net, was der Mann all waaß. Der hat sischer Hosologie odder so ebbes schdudiert.

Isch saach ihne, wemmer des all so sieht in dere Ausschdellung, da aant mer, was sich unner soerer Hos all verbirscht un was fer Draachweide so Hose alsemal hawwe könne.

Isch gebb ihne e Beischbiel. In Saal Siwwe hengt e Schlitzhos aus. Jetz denke si vielleischt, dass des irschendwie middem Hosestall zusammehengt. Nix. Es isse Hos außem seschzehnte Jahhunnert. Die sieht aus, saachemer emal, wie soen Kürbis, den mer wie e Tort aageschnidde hat. So Hose hawwe damals die Männer „um die Lei-besmitte" gedraache, wies uff dene Informazionsdafele im Museum haaßt. Net alle Männer. Die Dreescher warn all Aageschdellde am Schbanische Hof, wo irschend so en Philipp regiert hat.

Wisse sie, was Pantalons sinn? Gehnse in Saal 8, da fellt ihne gleisch so en Pantalon ins Aach. Den hadde die Sansculottes in de Franzeesisch Revoluzzion aa, aus Brodest gesche die konserwatiefe Kniehosedreescher. Sansculottes heißt iwwersetzt Ohnehose. Des hat awwer nix mit FKK zu duhn.

Wenn ihne des e bissi zu hoch is, dann gehnse zur Erholung emal in Saal 11. Da sehese fast so viele Krachledderne wie uffm Münschner Okdoberfest. Mer krieht da lehrreische Eiblick in bayrische Hoseletz.

Übbrischens: Wenn sie mit ihre Kinner ins Klamoddemuseum gehe und ihre Kids hawwe schon so es gewisses Alder, sie wisse was isch maan, dann rat isch ihne von Saal 23 ab. Was mer da an Hose sieht sinn, besser gesacht, Hösjer, un die meiste sinn meiner Aasicht nach net juchendfrei.

Links vom Eigang is en Wörkschopp, wos um die Hos in unsere Umgangsschbraach geht. Wie isch da war, sinn Ausdrick gefalle wie „geschdrische voll" un annere Fekalje. Des misse sie entscheide, ob des ihrn Geschmack is.

Eischendlisch schbrengt die Ausschdellung die Hos, vom Rahme her geseh. Mer kann nemlisch aach Knepp besischtische. Ich muss saache, mir hat die Brifatsammlung Peek & Cloppenburg gut gefalle. Soviel Knepp hawwe sie noch nie uff eim Haufe geseh, darunner eschde Raridäde. Beischbielsweis en verschdeinerte Lendeschurzknopp vonerem Neandertaler, odder des einzische erhaltene Exemblar von dem saachehafte malaische Widderhakeknopp.

Hawwe sie gewusst, dass die Ureinwohner von de Skurrileinsele – halt! es kenne aach die Kanüleinsele odder so ehnlisch gewese sei – beim Radfaan Hoseklammern aus Haifischkiefern gedraache hawwe? Sehnse, ich aach net - mer lernt halt nie aus.

Also Leut, nix wie hie ins neue Frankforder Klammoddemuseum!

Zwischetest 3

1 Was sinn des fer Viescher?

Wennse en lange Rissel hawwe sinns ....

Sie kenne net Raadfahn, awwere Raad schlaache .....

Sie kenne fliesche, haaße awwer genauso wie besch-
dimmde Beem ....

Die wolle kaa eischne Nesder baue ....

Ob die wägglisch so viele Fieß hawwe? ....

Die misse beim Schmuse uffbasse, dasse sisch net gee-
scheseidisch doodschdesche ....

Bei dene gibts kaa Obdachlose ....

2 In Offebach am Maa gibts Leut, dene ihr Berufsbezei-
schnung
ausem Franzesische kimmt. Des sinn die ....
Weilse viel mit Klebschdoff handiern, nennt mer se
aach
.............Viele von dene schaffe net innere
Fabrick, sonnern dehaam, also in ....

3 Wenn im Krimmi geschosse werd, gibts gewehnlisch .
E besonners langleewische Krimmiserje is de ....
Am End vom Krimmi wern die Beesewischder immer
geschnabbt, ... seidank!

Schlissel

Des gibts net

Es gibt im Hessische en Haufe Ausdrick middem Ausrufezeische hinnedraa, die e beschdimmt Gemiedsbeweeschung bezeischne.

Sie kenne ja maa prowiern, die folschende Ausdrick dene Gemiedsbeweeschunge weider unne uff de Seit zuzuordne. Guggese bitte erst uff de Schlissel ganz unne, wenns gaa net anners geht.

1   Himmelhäggodsaggramendnochemaa!
2   Des gibts net!
3   Mach Sache!
4   Geh ford!
5   Kerle, Kerle, Kerle!
6   Legg misch am Aasch!

a   Verbliffung
b   Fassunglosischkeit
c   Iwwerdruss
d   Schdinkwut
e   Bewunnerung
f   freundlisches Indresse

Schlissel

Wedderau odder Werraa?

Aans muss emaa gesacht wern: Hessisch is mit sisch selbst net fellisch im Reine. Isch erklers Ihne.

Im Norde un Osde von Hesse, in de Geeschend um Fulda un Kassel un da erum, is des Hessisch schonn e bissi annerster als wie des Hessisch was mer in de Mitt un im Siede schwetzt. Aa Beischbiel: Da owwe verschlugge die Hesse oft des t in de Mitt von de Werder. Kann ja vorkomme. Mäscht ja aach nix. Was verschluggt mer net all im Laaf seines Lewens. Die fruchtbaa Geeschend, die im Addlass als „Wetterau" verzeischent is, haaßt in Frankford un weider siedlisch „Wedderau", awwer im hohe Norde „Werraa".

No ja, klaane Unnerschiede gibts iwwerall. Maane Sie vielleischt, die Bajern dehte im ganze Freischdaat genauso wie de Valentin schwetze? Odder die Schwabe wie de Häberle un de Pfleiderer aus Schduddgadd? Un trotzdem redd mer von Bayrisch un Schwebisch un Secksisch als obs aa Schbraach wär.

Mir gehn da de goldne Middelweesch un halde uns an des sogenannde Zentralhessisch, wodrin des Frankforderische e behäschend Schdellung einimmt, aach wenn des de Owwerhesse mit dene ihre Rrrunkelrriewerrupfmaschine net so ganz basst.

En beriemde Sohn Frankforts, dissmaa net de Geede, hat ja bekanndlisch die zendrale Bedeudung Frankforts fer alle Zeide festgehalde:

„Un es will mer net in mein Kopp enei: wie kann nur e Mensch net von Frankfort sei!"

Mit Messer un Gawwel

Jetz knebbe mer uns emaa des B vor. B wie Biffschdigg (Beefsteak).

Am Wordaafang zeischts kaa Uffellischkeide gescheniwwer dem Hochdeutsche, awwer innedrin schonn.

Sie erinnern sisch an den Rieweagger von neulisch? Sehnse. „Rüben" wern „Riewe". Des geht mir miehelos iwwer die Zung, eifach weil mir de Schnawwel so gewachse is. Des mit dem Dobbel-W bassiert efters. Aach mir esse mit Messer un Gawwel, un aach mir kenne des Meersche vom Schneewiddsche un de siwwe Zwersche.

So, jetz wolle mer uns maa dem K wie Kabboisje (kleiner Schuppen) un ck wie schlugge zuwenne.

Aach des K is vorne im Wort unuffellisch. Innedrin hingeesche verwannels sisch in e eifach odder dobbelt g. En Fagier is en Turbandreescher wo uff Neeschel schleeft. En Angler freut sisch, wenn geleeschendlisch en Fisch am Haage zabbelt. Aach isch war emaa en Jingling mit loggischem Haa, un isch hab wenisch Simmbaddie fer Pedande un klaane Geisder, die mer bei uns Krimmelkagger nennt.

Des geniescht fer heut. Isch muss nehmlisch meim Kaggduss noch Wassä gewwe, sonst fädäddämä (sonst verdorrt er mir).

Enuffzus?

Die hessisch Grammaddigg hats in sisch, des hawwese schonn gemäckt.

Lesese bidde die folschende Setz mit lauder Schdimme vor sisch hie, am besde zwaa dreimaa hinnernanner, damitse allmehlisch e Gefiehl fer beschdimmde grammaddische Eischentiemlischkeide krieje.

Sinn Sie der Lisbeth ihrn Mann?

Is des Ihne ihrn Waache der wo da uffm Trottwa schdeht?

Wem sein Hut issen des? Ei dem Kall seiner.

Die Fraa Meier, is des dem sei Omma, dem des Wasserhäusje geheert?

En Schdammdisch issen Disch da wo die sitze, die wo da immer sitze.

Wenner des deht, dann dehter mer leid.

Wenn de Pifferling suchst, dahinne im Wald sinnere („ere" = welche).

De Willi schläuscht alsemaa en ganze Bembel allaans.

Nachem Kriesch konnder mit seim abbe Baa nadierlisch nemmehr Fußball schbiele.

Wo gehtsen hier nach Kwetschekrummbach? Enuffzus odder ennunnerzus?

Schee waasch

Was des Hessische zu soerer aagenehme, kuschelische, riläggsde Schbraach mäscht, des sinn unner annerm die Buchschdabe d, b, g, w, ch un sch in de Midd un am End von de Werder.

Im Einzelne hawwemer die schonn behannelt, awwer en Gesamdiwwerbligg zeischt Ihne nochemaa deudlisch den beruischende Eifluss von de obische sogenannde Konsonnande.

„Schee Wedder": wie freundlisch un eischmeischelnd des klingt!

„Toaleddebabbier": da schbiert mer doch reeschelrescht, wie schee waasch des is.

„Sammsdaachaawend": Feieraawend, Endschbannung, Schluss mit Mieh un Plaach!

„Maacheschmäddse" duhn lang net so weh wie „Magenschmerzen".

„Die Werklischkeit" is erschendwie freundlischer wie die „Wirklichkeit".

Isch muss da annen Schbruch denke, mit dem mei Mudder misch als klaane Bub besenfdischt hat, wenn isch en Rabbel hatt un rumgebrillt hab:

Uffem Termsche sitzt e Wermsche middem Schermsche unnerm Ermsche, kimmt e Schdermsche, werft des Wermsche middem Schermsche unnerm Ermsche von dem Termsche. Aam Wermsche!

Zwischetest 4

Bidde aakreuze, was Sie fer rischdisch halde

1 Welscher Satz schdimmt net?
  a) Dademit hammer gereschent
  b) Dadedrübber kennt mer sisch schonn uffreesche
  c) Dadegeesche wern mer broddesdiern

2 Wo werd des a net dorsch die Nas geschbroche?
  a) Aach um Aach, wies in de Biwel haaßt
  b) De Aafang is des Geeschedeil vom End
  c) Der Aazuch is zu eng worn

3 Labbeduddel
  a) verwend mer beim Gescherrschbiele
  b) sinn Leut, wo net serrjös sinn
  c) sinn obberhessische Musickinschdrumende

4 Weljerholz
  a) werd in de Meebelindustrie weesche seiner scheene Maserung geschetzt
  b) is Bruchholz, was nach Unweddern billisch verkaaft werd
  c) so aans brauch mer in de Kich

5 Wersching
  a) secht mer im hohe Norde fer Fasching
  b) is en Teil vom menschliche Kerber
  c) kimmt ausem Englische un haaßt soviel wie „fesde druffhaache"

6 Schdobbe
  a) gehn manschmaa kabutt, wemmerse rauszieht
  b) sin greeßemeeßisch zurickgebliwwene Kinner
  c) sinn Schdraaßeverkehrsschilder, wo zum Aahalde uffordern

Von Babbelschnude
un Hannebambel

Heut sinn widder emaa scheene Werder an de Reih. Gut, im Hessische is ja sowieso aa Word schenner wies annere, awwer mansche sinn halt so schee, dass aam wägglisch die Schbugge wegbleibt.

Die folschende Uffschdellung is von unschetzbarm Wert fer uns wemmer unser liewe Middmensche karaggderrisiern wolle.

En SCHISSER is aaner, wo sisch net gern Gefahn aussetzt.

En SCHLABBEKIGGER hat nochen weide Weesch bis in die Bundesliga.

E NARRISCH HINKEL is e Fraa, ders e bissi an Ausgeglischeit fehlt.

En DERRABBEL is so dinn, dass bei dem de Bauch direggt an de Buggel schdeeßt.

En HANNEBAMBEL is geisdisch asch zurickgebliwwe un halt e bissi bleed.

E SCHNEDDEREDENG is e Fraa, die aams Ohr abschwetzt.

En DABBES hat zwaa linge Hend.

E BABBELSCHNUT is ebbes ehnlisches wie e Schnedderedeng.

Da es auser dene leddzdgenannde Ausdrick noch en Haufe ehnlische Werder wie SCHWATZBAAS, KWASSELSCHDRIBB, KLADDSCHDANDE edzeddera gibt, lischt die Vermudung nah, dass die KLADDSCHWEIBER en unverheldlischmeeßisch große Beschdanddeil von de Menschheit bilde.

Des derf isch meiner Fraa awwer net saache.

Was fer Mebbs?

Die Mehzahl von de Haubdwerder is e Sach fer sisch.

Ihne sinn zwar schon e Haufe teilweis mäggwirdische Werder in de Mehzahl begeeschent, hier in dem Kurs, maan isch, awwer es is vielleischt besser, wenn mer des noch emaa anhand von e paar Beischbiele sissdemmaadisch zusammefasse. Forsischdshalwer gewwemer manschmaa des hochdeutsche Word in Klammer.

Eizahl	Mehrzahl
Ahm	Ähm, odder Ärm
Baa (Bein)	Baa
Chinees	Chineese
Deeskobb	Deeskebb
Eisch (Eiche)	Eische
Flüschel (Flügel)	Flüschel (odder Flitsch)
Gaas (Ziege)	Gaase
Hemd	Hemder (!)
Innfaggt	Infaggde
Juwwelier	Juwweliern
Kabboisje (kleine Bude)	Kabboisjer
Laamaasch (Langweiler)	Laamääsch
Mobbs (Hunderasse)	Mebbs (2. Bedeutung: Brüste)
Nuss	Niss
Offebacher	Offebescher
Pandoffel	Pandoffele
Raaweaas	Raaweeeser
Sau	Säu
Uffdraach (Auftrag)	Uffdreesch
Volk	Velker
Werderbuch	Werderbischer
Xischt (Gesicht)	Xischder
Yedi (Schneemensch)	(Yedis?)
Zah (Zahn)	Zeh

Des krieje mer schonn hie

Ach was hammer fer scheene Tedischkeitswerder im Hessische!
Guggesemaa hier:

Achele
E gengisch hessisch Word fer esse, schbeise, sisch schdergge, fud-
dern, sisch de Wanst voll schlaache, verbutze, sisch vollfresse,
schbachdele, schnawweliern, fresse wie en Scheunedrescher
edzedderapeepee.

Bedubse
Wenn Sie aaner bedubst hat, dan hadder Sie iwwers Ohr gehaa-
che. Schdatt „bedubse" sächt mer aach „behumse". Egal ob mer
bedubst odder behumst worn is, mer is uff jeden Fall beschisse
worn.

Hieborzele
Annerswo fellt mer, fellt um, fellt hie. Mir borzele gern hie. Des
heert sisch schenner aa.

Hoggebleiwe
Des werd Ihne Ihre schulflischdische Kinner hoffendlisch net
bassiern.

Krieje
Mer krieht nix geschenkt im Leewe. Mir Rendner krieje immer
wenischer Rende. Die da owwe ziehn uns noch de leddzde Fen-
nisch ausem Seggel - des kriehn die ferdisch!

Schnuddele
Wenn Sie sisch iwwer annere meeschlischerweise unbescholdene
Leut des Maul verreiße, dann schnuddelese iwwer die.

Verhobbasse
Des sescht mer, wenn aam ebbes denewegegange is.

Verjuggele

Wenn aaner sei Geld, odder was waaß isch, des Geld von seine Omma, verschbielt odder versoffe hat, dann hadders verjuggelt.

HANDKEES MIT MUSIK BEMBEL RIBSCHE UN KRAUT GESCHBRIDSDE

ACHELE =
- SCHBEISE
- FUDDERN
- VERBUTZE
- SCHBACHDELE
- SCHNAWWELIERN

Hier schbielt die Musick

Also isch bin mit Musick uffgewachse. Zu meine friehe Erinne-
runge geheert Weihnachde bei uns dehaam. Da hat mein Vadder
Geisch geschbielt, mei Mudder Gidda un mei Schwester hat
Bloggfleet geblase. Un was hammer so schee gesunge: O Tanne-
baam, Sießer die Glogge nie klinge, schdille Nacht heilsche
Nacht. Sowas vergisst mer net.

Iwwer uns hat en Mann gewohnt, der hat Drombeet geblase un
beinah jeden Daach geiebt. Meim Obba isser dademit uff die
Näffe gange. Mir net.

Im Baddä hat e Fraa namens Stefanski gewohnt, fer misch die
„Dande Fanski“. Die war Pianisdin un hat en mords Konzätt-
flüüschel gehabt, owwedruff middem Kobb vom Rischad Waach-
ner. Der hab isch oft zuheern derfe, wennse geschbielt hat, Beet-
hofen, Schoppäng un so.

Jetz bin isch awwer asch ins Schwetze gerade. Des duht mer
leid, awwer manschmaa geht die Erinnerung halt mit eim dorsch.

Aans will isch Ihne awwer schnell noch beibringe.

Im Hessische kann mer viele Werder unnerschiedlich betone.
Unsern Nachbar hat Drombeet geblase. Annererseits kammer
innere Briefung mit Pauge und Drombeete dorschfalle.

Un was des Word „Musick“ aageht, so is des was die Berliner
Fillhammoonigger schbiele vorwieschend Musick, während mer
zum Ebbelwei gern Handkees mit Musick zu sisch nimmt.

Macheses gut, isch schbiel jetz noch e bissi uff meine Kwetsch-
kommod.

Zwischetest 5

Bidde füschese die folschende Werder an geeischender Schdelle in dene Setz unne ei.

Baderrwohnung – Butzaamer – Bedriescher – Dabeede-musder – Dande – Deesjer – Iwwerfell – Krangeflee-scher – Niggersche – Schbeggdaagel

1 Von unserer .... aus is mer gleisch im Gadde.

2 De Willi schafft als ....innem   Senn-johrnheim.

3 Nachem Esse mach isch gern e ....

4 In unserm Schdaddväddel hats gesdern zwaa .... gegewwe.

5 Des .... kennt von Picasso sei

6 Immer widder falle aale Leut uff .... rei.

7 Die Andifaldegrem is in dene klaane .... drin.

8 Mei .... Emma hat morje Geborzdaach.

9 Des war vielleischt e .... bei de WM!

10 Bassese uff, dasse net iwwer den .... schdolbern.

Boddibilder un Globelplejer

Englisch kann isch leider net. Desweesche bin isch fellisch iwwer-
fordert von dene hunnerde von englische Werder, die eim taach-
teeschlisch um die Ohrn gehaache wern.

Behäsche Sie Englisch? Wenn ja, dann kenntese die folschenden
Werder, die isch haubtsäschlisch im Fännseh uffgeschnabbt hab,
eifach emaa oddografisch rischdisch uffschreibe. Wenns Ihne nix
ausmäscht, kenntesese aach gleisch noch ins Deutsche iwwersetze.

Afderscheef - Äckschen - Audsohrsing
Beckgraund - Bleckaut - Boddibilder
Djutiefrieh - Displeh - Dieler - Dscheckpott
Estebblischment - Endertehnment
Fietscher - Fläggschibbschdoor
Goosdreider - Globelplejer
Hebbiauer - Heddkwaader - Heileid
Immitsch - Imehl - Inleinskeeting
Jubbies - Jukammer
Kammbeck - Kawwergörl - Koggdehl
Laffpered, Libbschdick
Mehlbocks - Middleifgreisis
Nettwörk - Neitmär
Offrodfihickel - Ohpenehr
Petschwörk - Piebschoo - Pleeboi
Raschauer - Rieseigling
Schoodaun - Sengsgiwwing - Sgeilein
Teekower - Trabbel - Trenschkot
Wautscher - Wehdwatscher

Wo duhn mer heut hiemache?

E besonners wischdisch Wort fer uns Hesse is „duhn" (tun).

Schdatt „mir lerne" saache mir gern „mir duhn lerne". Was duhn Sie Sonndaach aawends mache? Am liebsde duhn mir Fännseh gugge. Des is en liewe Hund, der duht dir nix duhn. Wo hasden mei Schlabbe hiegedaa?

Des duhn kimmt uns aach fer den sogenannte Konnjungdief sehr geleesche.

„Sie sagte, ihr Mann vertrüge mindestens sieben Glas Apfel-wein". So en Satz kimmt nadierlisch niemals iwwer unser hessi-sche Libbe. Bei uns haaßt des so: Sie hat gesacht, ihr Mann deht siwwe Ebbelwei verdraache.

Odder im Dobbelpack: Mir dehte komme, wenns net so asch reeschne deht.

Von ehnlischer Bedeudung is des Wort „mache". Mer glaabts net, was mer dademit all mache kann, zum Beischbiel:

angeben:	de Digge mache
putzen :	die Kisch mache
erledigen:	fäddisch mache
heimgehen:	haam mache
reparieren:	in die Rei mache
verfolgen:	aam hinnerher mache
durchfeiern:	die Nacht dorschmache

Da mäscht mer was mit!

Mir

Kenne Sie die Gerbermiehl? Zwische Frankfort un Offebach gibts maauffwädds e Ausfluuchslogaal, des haaßt so.

Fer Geedefäns is des e Art Wallfahrtsort. Wie er noch jinger war, hat de aale Geede dort e bissi rumpussiert mit der Fraa vonnem Bankjee. De Herr von Willemer war viel elder wie sei Fraa un hat des Geturdel von dene zwaa net gemäckt, odder net mäcke wolle, mer waaßes net.

Die Fraa, Marianne hadse gehaaße, hat sisch in soere Art Seeleverwannschaft middem Geede gefiehlt, un der aach mit ihr. So isses komme, dass die zwaa heimlisch gefiehlvolle Gedischdscher unnernanner ausgedauscht hawwe. Die kammer heut noch nachlese, wenn des eim sein Geschmack is. Mir is der Tiddel von dere Gedischdsammlung endfalle, awwer es is glaab isch ebbes middem Sofa ausem Weste. Odder ausem Oste. Odder beides.

Isch wollt Ihne awwer eischendlisch die Geschischt von dene Denkmalschdaa verzehle.

An der Gerbermiehl hat nehmlisch kerzlisch en satierischer Frankforder Kinstler en Denkmalschdaa mit der Inschrift ICH uffgeschdellt. Seitdem krawwele unzehlische Ausflüüschler uff den Soggel, wäffe sisch in Pose un lasse sisch so foddograffiern.

Sein Mordserfolsch hat den Kinstler annimiert, en zweide Denkmalschdaa mit der Uffschrift WIR uffem Frankforder Reemerbersch zu inschdalliern, un zwaa vorm dortische Schdandesamt. Dadorsch hawwe Frischgedraude Geleeschenheit zu em einzischaadische Foddo in historischer Umgewung.

Middlerweil lasse sisch aach unzehlische Turisde uff dem Schdah foddograffiern, besonners Jabbaner un Schinnese.

Desweesche hat sisch die Schdadtverwaldung endschlosse, des Word WIR in erst emaa fuffzisch fremde Schbraache iwwersetze zu lasse.

Die Iwwersetzung ins Hessische is von mir. Sie laudet MIR.

Baddschnass un verworschdelt

Haddemers schonn emaa von scheene Eischenschafdswerder? Wenn net, hcr sinn e paa, die uff kaan Fall ausschdäbe derfe.

ääbsch (eebsch)	net schee, net rischdisch. Des sieht awwer ääbsch aus! Mir is heut so ääbsch im Maache.
dabbisch	Wenn aaner dabbisch is, isser en Dabbes. So aaner hat zwaa linge Hend.
dormelisch	Nach siwwe Ebbelwei is mer uffem Haamweesch alsemaa e bissi dormelisch, mer schwangt halt e bissi hie un her.
dreddschnass (baddschnass)	nesser gehts net
eigedellert	e Bleschdibbe, wo eigedellert is, hat Delle.
gebloddscht	is en Abbel, wo vom Baam gefalle un schon e bissi kabutt is.
hiwwelisch	wemmer zuviel um die Ohrn hat, werd mer hiwwelisch
knaadschisch	so is mer, wenns aam die Pedersillje ver- haachelt hat.
mufflisch (moddsisch)	e anner Word fer griesgreemisch
riddserot	reeder gehts net
schebb	net grad. Waanse schonn emaa uffem schebbe Torm von Pisa?

verhuddselt   geschrumbelt, zusammegeschnorrt

verworschdelt dorschenanner gerade
(verknoddelt)

Zwischetest 6

Kreuzese bidde aa, was Sie fer rischdisch halde

1 Gequellde sin
   a) misshandelde Viecher
   b) Pellkadoffele
   c) Schwellkebb

2 Gorkser sin
   a) Eiwohner vonnem obberhessische Dorf
   b) Gewerzgorke fer Feinschmegger
   c) Geräusche nachem Esse

3 En Bladdkobb is
   a) e anner Wort fer Kobbsalat
   b) en Kobb ohne Haan druff
   c) en Bleedhammel

4 Die Ank is
   a) e enge Verwande von aam
   b) so ebbes wie en Frosch odder e Krott
   c) en Kerberdeil

5 Kadoffelschdobbele secht mer fer
   a) e Sammeltetischkeit in Notzeite
   b) die Aache, die mer beim Kadoffelschele rausschneit
   c) Griezeusch wo nachem Ausmache von de Kadoffe-
       le uffem Agger liejebleibt

6 De Schudd is
   a) en beriemde Roman der Weldlidderadur
   b) ebbes wo mit Wasser zu duh hat
   c) de Tiddel vonnem arabische Wirdedreescher

De Geede werd verrickt

Die Schdatt Frankfort hat sisch von em bekannde Berader e Gudachde ausawweide lasse, um rauszufinne, ob sisch aus Frankfort net noch e bissi mehr mache lesst.

Uff was fer Idee der Mann all gekomme is, da geht aam de Hut hoch.

Zum Beischbiel die Sach mit dem Geede-Denkmaa. Der Berader hat druff hiegewiese, dass de Geede schonn e paarmaa verrickt worn is. Aus Sachzweng eraus. Weil an seim Schdandort Bauawweide warn, odder so ebbes. Des haddn uff die Idee gebracht, de Geede kennt doch efter maa verrickt wern, wenn dademit Wääbung zu mache wär, bei de IAA, odder de Buchmess, odder em Fußballenderschbiel.

Die Idee hat jedenfalls beim Frankforder Magisdraad en Mordsaaklang gefunne. Mer hat dann gleisch de Geede von seim Iwwergewischt befreit, indem mer Kerberteile aus Eise odder Blei dorsch Leischtmedall odder Blasdig ersetzt hat.

De neue „Geede light" kann jetz uff vier Reeder miehelos erumgeschobe wern und schdeht fer Feierlischkeide geesche aagemessenes Endgelt zur Verfüüschung.

Was is Ihne ihrn Beruf?

Was mer uff kaan Fall unner de Disch falle lasse wolle, des sinn wischdische Berufsbezeischnunge.

Was hat goldne Bode? Es Handwäck. Handwägger sinn Midmensche, die schwer zu krieje sinn un digge Reschnunge schigge, bei dene die Weeschezeit manschmaa mehr kost wie die Awweit selbst. Desweesche halt isch mich bei Rebbarradurn an Schwazzawweider ausem Oste, ganz unner uns gesacht.

Wenn isch im Folschende nur von Handwägger redd, soll des kaa Diskrimminierung von Handwäggerinne sei, damit des klar is. Es gibt net nur Schornschdaafeescher. Es gibt aach Feescherinne.

Also, Handwägger: Dabbezierer, Dachdegger, Elleggdrigger, Flieseleescher, Fußfleescher, Gäddner, Klembner, Mezzjer, Schussder. Sinn eischendlisch Audomeschanigger un Fännsehteschnigger aach Handwägger? Un Millmenner?

Hier e paar Berufe, bei dene vorwieschend middem Kobb geawweit werd: Aawelt, Ächte, Ascheolooche, Aschideggde, Bsischolooche, Deaderreschissöre, Dirrigende, Schdeuerberader, Schdudjereet, Unniwersideedsbroffessorn, Verleescher un so weider.

Zum Schluss noch e paar net ganz allteeschlische Berufe: Asdronaude, Enderteener, Hibbnoddisöre, Kammerjeescher, Leewebendischer, Rudegenger, Seildenzer, Teddowierer, Waasaacher.

Von unne

An unserm Sennjohrndisch is neulisch die Redd uff die gude alde Zeit gekomme, wo mer im Maa noch bade konnt.

Zu uns eldere Herrn - mer kennt aach aale Kricke saache, des keem der Sach e bissi neher - war kerzlisch e Person weiblischen Geschleschts geschdooße. Net so e aal Scheggel, naa, e rischdisch kuldiwierde Dame.

Mer haddes vom Maa. Da hat die gneedische Frau uff aamaa ganz uffgegratzt verzehlt, dasse vorm Kriesch beinah teeschlisch im Freibad MOSLER newerm Eisene Schdeesch gebaad hett.

Daruff sächt mein Freund Willi, en ehemaalische Scherzejää-scher, awwer en asch ehemaalische, „Ach, dann kenn isch Sie beschdimmt von unne!"

Des hett die aam Fraa fast umgehaache. Sowas von verdattert, wie die geguggt hat!

Was soll isch Ihne saache? Dem Willi sei Erläuderung hat ergewwe, dasser damals, vorm zweide Weldkriesch, mit annere Läuszibbel zusamme oft unner den Holzrost geschwomme war, iwwer dem die Umkleidekabiene von dene weiblische Badegest geleesche hawwe. Dorsch die Ritze un Astlöscher von dem Rost heddese damals hochinderessande Eiblick gewonne.

Leider sinn so Meeschlischkeide heut nemmehr gegewwe. In die Dreckbrieh draut sisch doch kaaner mer nei. Un indressande Eiblick krieje die Läuszibbel ja heutzutaach im Fännseh. Dadefer brauchese net in de Maa zu hibbe.

Von zuene Diern un abbene Baa

Isch saach Ihne, des Hessische hats dermaaße in sisch, da schdaune Laie, un selbst die Fachleut wunnern sich.

Da will mei Fraa mir en Knobb aanehe un krieht doch de Faddem net in des Nadelehr enei. Jetz kennt mer ja maane, de Dialekt deht aus Bequemlischkeit aus „den Faden" so ebbes mache wie „de Fade". Nix. Erstens verdobbelter emaa des d un dann mäschter ausem n e m. Desselbe bassiert bei dem Wort „Boden". Mei Fraa säscht manschmaa: „Jetz lieht der Hund schon widder uff dem kalde Fußboddem!" Odder: „Es misst emaa reeschne, de Wassem (Wasen = Rasen) verderrt." Was sisch unsern Dialekt dadebei denkt, ich komm net dehinner.

„Des kann isch allaans" säscht mer, wenn eim aaner unneedischerweis helfe will. Warum des s hinne? Vielleischt wisse Sie's.

Aach e t find mer manschmaa an Schdelle, wo's nach hochdeutsche Maßschdeeb net hiegeheert. „Vorhint" hawwe mer des Schbiel Eidracht geesche Bajern Münsche geguggt.

Die Dier is zu. In Ordnung. Awwer die Hesse schenniern sisch net, vonnere „zuene" Dier zu redde, odder vonnem „dorschene" Handkees, odder gaa vonnem „abbene" Baa. Was soll mer da saache? Da schdeht mer machdlos wisawie.

Mer säscht als, de Dialekt verkerzt die Werder, awwer wie oft verlengerderse aach! Die Bajern schbiele so, awwer mir schbiele ganz „annersder". So isses halt. Mir Hesse sinn halt annersder als wie die annern.

Hats Krach gegewwe?

Wenn ebbes vorbei is, dann isses Vergangeheit.
Bei uns Hesse is die Vergangeheit e bissi annersder als wie bei de
annern. Isch erklers Ihne.

Wenn de aale Caesar en Hess gewese wär, dann hätter net gesacht
„Ich kam, sah und siegte", sonnern „Isch bin gekomme, hab
geguggt un gesiescht". Was die Grammaddick „Imperfekt"
nennt, des hat im Hessische Seldenheidswert, wie die folschende
Geescheiwwerschdellung zeischt:

Hochdeutsch (Imperfekt)   Hessisch (Perfekt)

Sie liefen fort   Sie sinn fortgelaafe
Wir begannen um 9.00   Mir hawwe um neun aagefange
Gab es Streit?   Hats Krach gegewwe?
Niemand erhob Einspruch   Kaaner hat gemeggert

Mer erkennt an dene Beischbiele aach, dass mir Hesse ebbes gee-
sche „vornehme" Werder hawwe.
Prowwiernse doch emaa selwer, die folschende Setz von ihrm
hohe Soggel runnerzuhole:

Der greise König bestieg sein großes Ross
Die Mädchen bildeten einen lustigen Reigen
Der Sturm umtoste die kleinen Häuser

Schlissel

Quiz von A bis Z

Was verschdeht mer unner

A	achele	A	essen
B	Berscht	B	Bürste
C	/	C	/
D	Dreggaamer	D	Abfalleimer
E	enanner	E	einander
F	Fies	F	Füße
G	Guudsjer	G	Bonbons
H	hibbe	H	hüpfen
I	iwwerm	I	über dem
J	Jeescherhiedsche	J	Jägerhütchen
K	Knebb	K	Knöpfe
L	Labbeduddel	L	Hanswurst
M	Membel	M	Brüste
N	Niggersche	N	Mittagsschlaf
O	owwedruff	O	obendrauf
P	Peifedeggel!	P	Denkste!
Q	Quellmenner	Q	Pellkartoffeln
R	riggzus	R	auf dem Rückweg
S	Schiss	S	Angst
T	Treeder	T	Schuhe
U	uffrobbe	U	aufreißen
V	Volleul	V	Betrunkener
W	Wamb	W	(dicker) Bauch
X	Xox	X	Gesindel
Y	/	Y	/
Z	Zäggus	Z	Zirkus

AA MACHE

ZASTER

100 100

Denewergeschosse

Aale Frankforder verzehle aam gern die Geschicht vom Wilddieb Winkelsee, den mer beim Wildern verwischt un in de Eschenheimer Torm geschbätt hat. Des war erschendwann anno Dubbagg, also vor e paar hunnert Jahr.

Den Winkelsee hett mer uffhenge wolle, haaßts, weil die Frankforder damals noch net so zimberlisch waan wie heut. Annererseits heddesem die Schdraaf erlasse wolle, wennsem gelinge deet, en Neuner in die Wedderfahn owwe uffem Torm zu schieße. En Neuner desweesche, weil de Winkelsee neun Daach lang im Torm eigeloch war.

Un des hett de Winkelsee hiegekrieht, wie mer heut noch mit eischne Aache sehe kennt.

In Wägglischkeit werd aam da en Beer uffgebunne.

En bekannde Frankforder Hisdorigger hat nemlisch nach jahrelange Reschersche nachgewiese, dass de Winkelsee net neun, sonnern neunzeh Daach in dem Torm eigeloch war un die Zahl neunzeh in die Wedderfahn hett schieße misse, um sisch vorm Schdrick zu redde. Un grad des hett net geklabbt. Er hett nemlisch nur neunmaa gedroffe un zeh maa denewergeschosse. Folschlisch hett mern uffgehengt.

Im iwwrische wär der Winkelsee gaakaan Wilddieb sonnern en Bankräuwer gewese, der zisch Bankiwwerfell uffem Käbbholz gehabt hett.

Also wennse misch fraache, isch finn dass en Bankräuwer viel besser zum Immidsch von Frankford basst wie en Wilddieb.

Nardelli

Bidde als emaa Geede leese!

Vielleischt is Ihne schonn als emaa uffgefalle, dass mer im Hessische des Werdsche „als" net immer so aawend als wie im Hochdeutsche.

Aa Bedeudung von „als" beweescht sich im Bereisch zwische „manschmaa" un „immer". Guggese sisch folschende Setz aa: Frieer sinn mer als de Maa riwwer un niwwer geschwomme. Mach net als so e Geschiss weesche e paar Glesjer Ebbelwei! Die Bolliddigger mache doch als dieselbe Schbrich.

Des Werdsche „wie" geniescht uns Hesse net zum Vergleische. Mir saache „als wie". Beischbiele: Mit seim Schnorres siehter beinah aus als wie der .., no du waaßt schonn wer. Die Babett mäscht die Pannekuche als noch so als wie ihr Omma vor fuffzisch Jahrn. Liewer e bissi zu viel gegesse als wie zu wenisch getrunke.

Die hehere Weihe hat iwwrischens en beriemte Frankforder dem hessische ALS WIE verliehe: „Da steh ich nun, ich armer Tor, und bin so klug ALS WIE zuvor."

De Faust war zwar net aus Frankfort, awwer de Geede.

Der hat ja aach gereimt

„Ach, neige, Du Schmerzensreiche,
Dein Antlitz gnädig meiner Not!
Das Schwert im Herzen, mit tausend Schmerzen
Blickst auf zu deines Sohnes Tod."

Die erste Zeil reimt sich nadierlich nur dann, wemmerse se so ausschbrischt: „Ach, neische, Du Schmerzensreische". Un so hats de aale Geede gemaant.

Wisse Sie, was der emaa (also aa maa, net als emaa) zu seim lidderarische Helfer Eckermann (ohne N vorne) zum Thema Mundart gesacht hat? „Der Dialekt ist doch eigentlich das Element, in welchem die Seele ihren Atem schöpft."

Des hadder schee gesacht, unsern Geede, gell?

Kaan Krimmel iwwrisch

Wie schdehds middlerweil mit Ihrm Leseverschdendnis?
Versuchese maa, die folschende Schbrisch dene Erläuderunge unne uff de Seit zuzuordne.

1   Isch muss bald widder uff die Schddrimp
2   Du kriest die Dier net zu
3   Bei dem is ebbes dehaam
4   De Kall is net in de Reih
5   Es war kaan Krimmel iwwrisch
6   Die hat en rischdische Rabbel gekriet
7   Mit unserm Ausfluuch isses Essisch worn
8   Des war nix wie Schmonses
9   Der muss aan in de Äbs hawwe
10 Des juckt misch net

Sowas säscht mer wenn

a   derjenische net jeden Fennisch umdrehe muss
b   des net geklabbt hat
c   alles ratzebutz vertilscht worn is
d   mers eilisch hat
e   alles nur dumm Zeusch war
f   derjenische e bissi aageknaggst is
g   jemand todaal ausgeflibbt is
h   aaner beklobbt is
i   des aam worschtegal is
j   mer baff is

Schlissel

Dischderehrung

Fer Ihrn neschsde Famieljeausfluch emfchl isch Ihne e Faht in die Wedderau (odder Werraa - Sie erinnern sisch?).

Ihr Kinner freue sisch, wennse dene maa die aal Ridderbursch in Münzebersch zeische, die mer ja bekanndlisch als „Wedderauer Tindefass" bezeischent. In dem klaane Schdeddsche gibts aach en Haufe scheene Fachwäckhäusjer.

Noch schennere schdehe in Butzbach, besonners um de Maggdblatz erum, die solldese net verbasse, wennse schonn emaa in dere Geeschend sinn.

Wenn isch Sie wär, deht isch von dort aus noch en Abschdescher nach dem nahgeleeschene Langgöns mache. Dene ihrn Handkees werd weit iwwer Langgöns enaus geriemd un lischt viele von uns Hesse waam am Häzz.

In aller Mund is net nur de Langgönser Handkees, sonnern aach der dordische Landwirt Ochs. Vielleischt hawwese schon frieher maa von dem geheert, der hat nemlisch 1980 bei de Hessische Landwirtschaftsausschdellung en erste Preis fer e von ihm erzeuschde Dickworz von zwaaundreissisch(!) Killo gekrieht.

Un jetz haldese sisch fest: De Ochs hat dieser Taach en Band Gedischde in owwerhessischer Mundaht vorgeleescht, dene ihrn zaade Liebreiz von de Kriddigger hochgelobt werd, sogaa von dem, der im Lidderarische Kwadett immer des große Wort gefiehrt un mitt seine Ähm rumgefuchdelt hat.

Zu Ehrn von Ochs, der grad achzisch worn is, soll die Langgönser Friedhofsgass jetz in Willi-Ochs-Allee umgedaaft wern.

Vorsischt Fierwerder!

Was die hessisch Grammaddick alsemaa fer Zicke mäscht, da kennt mer die Wend hochgeh.

Sie wisse, was e besitzaazeischendes Fierwort is: Mein Obba, sei Broblem, unsern Fännseher. Da sinn Hochdeutsch un Hessisch ja noch discht beienanner. Awwer wie soll isch Ihne folschende Fennomehne erklern?

Is dem sei Omma genau so e Kratzberscht wie Ihne Ihr Schwischermudder? Bellt dene ihrn Hund aach so forschbar wie Ihne Ihrer?

Ehnlische Brobleme wern vom bezieschlische Fierwort, aach Relladiefbronome genannt, uffgeworfe: Der Hund, der wo heut morsche so gebellt hat, des war der ihrn Hund, die wo des Wasserhäusje an de Galluswatt hat.

Wenn Se des kabbiert hawwe, kennese maa de folschende Satz ins Hessische iwwersetze:

Die, die die, die die Autoreifen aufgeschnitten haben, namhaft machen können, erhalten eine Belohnung.

Von Flaggerscher un Haggelscher

Hier kimmt e Iebung, wo mer scheene hessische Ausdrick dene hochdeudsche Deffinnizzjohne weider unne zuordne muss:

1 Babb
2 Knääzje
3 Flaggersche
4 de Dinne
5 Kaddoffel
6 Eideggsefudder
7 Gedeens
8 Baddschkabb
9 Groddse
10 Haggelscher

a Schirmmütze
b ausländisches Essen
c Loch im Strumpf
d abgenagtes Kerngehäuse von Apfel oder Birne
e kleines Lagerfeuer
f Eckstück des Brots
g Kinderzähne
h Klebstoff
i Durchfall
j Getue

Schlissel

1h, 2f, 3e, 4i, 5c, 6b, 7j, 8a, 9d, 10g

IN SOME AUDO
DEET ISCH NET
RUMFAHN

Ebbelwei odder Abbelwoi?

Beschdimmt hawwe Sie des schon gemäckt: Mir Hesse schbresche un schreiwe als emaa aa un desselwe Wort aamaa so un aamaa annersder. Sie erinnern sisch? Die Babbett war nerschens odder nerjends zu finne. Mer kennt sogaa näschens saache. Un in some odder so eme Audo deet isch net rumfahn.

So ebbes bassiert efders. Da is halt de aane Hesse de Schnawwel e bissi annersder gewachse wie de annere. Wissese, mer kann sisch äjern, ärjern, ärschern, äschern, ja sogaa äschän, egal, die Schdinkwut wo mer hat is als aa un dieselb.

Die aane leie odder leihe sonndaachs bis um zeh in de Bedde. Annere lische genau so lang in ihre Bedder.

De Willi kääft sozusaache alles, aach sein Ebbelwei, beim Aldi. De Schorsch kaaft Obst, Gemies un Ebbelwoi beim Lidl. Isch selwer kaaf mein Abbelwei bei em Wert (odder Wirt), der selwer keldert.

Iwwrischens: des Schdeffsche (foine Leut saache aach Stöffche) hat noch en Haufe annere Name, beischbielsweis Äbbelwei, Äbbelwoin, Abbelwoin, Ebbler, Äbbler un so weider.

Enschuldischung, ich muss uffheern, isch hab en forschbare Dorscht gekriet beim Schreiwe.

Kaan Dorschenanner bidde!

Bei mansche scheene Werder muss mer asch uffbasse, dasse net zu Verweggselunge fiern.

Zebbsche (Mehrzahl Zebbscher)
Die aane krieht mer in de Abboddeek. Mer kannse sisch woneischdegge.
Die annern henge an Nadelbeem.

Leesche
Vom Heilsche Vadder erteilt erfreut er die Gläubische. Des sinn awwer aach Wäckzeusche mit schaffe Zagge, wo mer brauche duht wemmer seim Vorgeseddzde de Schduhl abseesche will.

Kebbscher
Verklaanerungsform von Kebb (aach Schwelles, Wersching odder Deez genannt). Auserdem Kobbbedeggunge, awwer net so groß wie e Badschkabb.

Kersch (Mehrzahl Kersche)
In die aa gehe wenischer Leut wie frieher, was dem Heilsche Vadder gaanet gefellt; die annere schmegge besonners gut innere Schwazzwelder Tort.

Kissje (Mehrzahl Kissjer) liehe uffem Sofa odder wern zum Zeische eschder odder vorgeschbieschelder Zuneischung zwische Ehepaddnern ausgedauscht.

Asche
Dademit hat de aale Noah en Haufe Viescher gerett.
Annererseits is es aach e Wort .. wie soll ischs Ihne erklern?
E Beischbiel: Wennse en ASCHE Hunger hawwe, dann hengt ihne de Maache bis uff die Schdiwwel enunner, kabbiddo?
Iwwrischens: des wo meim väschdorbene Obba immer von seine Siggaan uff de Debbisch gefalle is, des haaßt bei uns die ESCH.

Zwischetest 7

Wie deht mer des im Hessische schreiwe?

1   hinein - hinauf - hinüber
2   vorübergehen - hinunterfahren
3   unter dem Tisch - neben dem Fernseher
4   neben dran - oben drüber
5   Damit haben wir nicht gerechnet
6   So sind wir halt, wir Hessen
7   Wenn man aufpasst, versteht man es
8   Nein, das kann man nicht verstehen
9   Das hast du davon
10   So Hüte sind nicht mehr modern

Schlissel

10 So Hiet sinn nemmehr modern
9   Des hasde devoo
8   Naa, des kammer net verschdeh
7   Wemmer uffbasst, verschdeht mers
6   So simmer halt, mir Hesse
5   Dademit hammer net geresche
4   newe draa - owwe drüwwer
3   unnerm Disch - newerm Fännseher
2   vorüwwergeh - enunner fahn
1   enei, aach enin - enuff - eniwwer

Da kennt mer grad die Gaasegischder krieje!

Des Wort „krieje" kimmt im Hessische besonners häufisch vor. Beischbiele: De Willi hat sich middem Kall ganz schee in die Woll krieht, also Krach middem gehabt. Des krieje mer heut nemmehr gebacke, also des packemer heut nemmehr. Des kriejemer hie!, mit annern Worde: des wern mer schon schaffe.

Hoch indressand is en Konnjungdief von „krieje". Isch hab emaa folschenden Satz innerer Werdschaft uffgeschnabbt: „Wenn de Schorsch des deht, dann kräächter von mir die Hugge vollgehaache." Hochdeutsch: „dann bekäme er von mir eine Tracht Prügel". Sie wisse ja: Mir vermeide ja bekanndlisch sonst die Konnjungdiefe un dricke des mit dem Wort „duhn" aus, beischbielsweis so: Wenner des deht, dann deht isch ... also isch waaß wecklisch net, was isch dann duhn deht.

„Sitze" is aach net unindressant. Wenn aaner aan sitze hat, dann isser innem Zuschdand zwische aageduddelt un schdernhaachelvoll. Wisse Sie, was e Kammer beim Millidär is? Da wern die Unniforme ausgegewwe. Mir haddemaa en Kammerunneroffizier e Unniform ausgehendischt, die mer minnsdens zwaa Nummern zu groß war und hat den schene Satz gepreescht: „Sitzt, basst, waggelt un hat Luft".

Net unerwehnt derf die Vergangenheitsform von „sitze" bleibe. Mer kann zwar „gesesse" saache, awwer den zaate Wohlklang von „gesozze" erreischt des net. „Eitreschtisch hammer im Gemalde Haus beim Ebbelwei gesozze."

„Henge" hat aachso e schee Vergangenheit. Aach da kammer „gehange" saache. Awwer des annere Wort klingt weidaus besser, saachese selbst: „Nach dem Siesch von unsere Mannschaft hawwe iwwerall schwazzrotgoldne Fahne aus de Fenster gehonke."

Wie de Herr sos Gescherr

Wenn mer die Buchschdabe e, i, o, u maa ganz genau unner die Lup nimmt, falle eim einische Mäggwirdischkeide uff.

Am Wortend fiehlt sich des e alsemaa net rescht wohl. Beischbiele: isch hab zwaa Schnakeschdisch im Aam. Mei dumme Schbrisch will kaaner mehr hehrn. Die Disch waggele.

Annererseits keeft mer zwaa Flasche Ebbelwei und äjert sisch iwwer siwwe Woche Reeschewedder. Saachese selbst, da kennt mer doch grad verrickt wern!

Genau so Zigge mäscht des u. Mer will sei Ruh, mäscht die Aache zu, da kimmt uff aamaa en Schdorm un reißt des Wedderfäänsche vom Eschenheimer Torm ! Forschbar!

Des i is eideudisch, maane Sie. Nix. Wie de Herr sos Gescherr. Hawwe Sie schonn so en neue Flachbildscherm?

Des au is aach net vorne wie hinne. Unser Butzfraa is fer die Sauwerkeit zuschdennisch. Eischendlisch soll mer ja gaanet Butzfraa saache, sonnern Raumfleescherin.

Aachezeusche hawwe beschdedischt, dass en Eibrescher neulisch der Bauersfraa des aane Aach blau gehaache hat.

Un des ei? Reische Leut esse mehr Flaasch als aame, des waaß mer. Aan Aamer Wasser reischt. Scheise!

Isch gebbs uff.

Feine odder foine Leut

Aans muss aach emaa gesacht wern. Je nachdem ob mer sisch in Hesse zu de feinere Leut zehlt, egal ob mit odder ohne Bereschdischung, schbrischt mer des Hessische mehr odder wenischer „derb" odder "däbb" aus.

Nemmese mein (odder moin) oobische Satz. Die sogenannde feine (odder foine) Leut saache mehrheidlisch „Berechdichung", während Leut wie isch (net ich!) unschenniert „Bereschdischung" saache, also des Wort mit Esszehaa ausschbresche (net aus-chbresche!).

Die Inderbreddadzion von deraadische Unnerschiede iwwerlass isch gern de Psischollooche odder Sozzijolooche.

Aans muss isch allerdings zugewwe. Des Hessische hat schon e gewisse Neischung zu Däbbheide.

Nemmese nur Ausdrick wie „Kuhbladdscher" (Ausscheidungen von Kühen), „Kabbes schwetze" (dummes Zeug reden), „lässdisch wie e Aabeemick" (ungemein lästig, wie etwa eine Abortfliege), „Jetz hawwe die Bosse e Loch" (Nun reicht es mir aber), „Der hat aan in de Äbs" (er ist nicht recht bei Trost), „des issen Kluuchschisser" (er weiß immer alles besser), „midde Mehrheit isses Essisch worn" (sie haben die Mehrheit nicht erreicht), „Guggemaa wie dem sei Wambe aageschwolle ist" (Sieh mal, wie er zugenommen hat), „Der hat ja en Schlaach mit de Wichsberscht" (er ist wohl nicht ganz bei Sinnen).

Zu dem Thema geheert aach de „Hä Millä", Sie erinnern sisch? Der haaßt bei de feine Leut nadierlich „Herr Miller", „Müller" nadierlisch aach widder net.

Lewwer dugg disch!

Was hawwe folschende Ausdrick zu bedeude?

1 Isch habbem aa geschebbert
2 Der hat sein Kischedisch von unne dabbeziert
3 Die un ihr ganz Bagaasch
4 Des Rumschdick war net dorsch
5 Die guggt iwwern Balkong
6 Der hadden Dubbe
7 Dem hawwese die Baa uffem Fass gebieschelt
8 Lewwer dugg disch!
9 Isch kann nemmehr Babb saache
10 Mer hat sein Schaff mit dem klaane Gewerzel

a Mein Magen streikt
b Er hat O-Beine
c Trinkspruch
d Mit Kleinkindern hat man viel Arbeit
e Sie und ihr Anhang
f Er hat von mir eine Ohrfeige gekriegt
g Sie ist vollbusig
h Er ist ein unterdrückter Ehemann
i Das Rumpsteak war nicht durchgebraten
j Er spinnt

Schlissel

DEM HAWWESE DIE BAA
UFFEM FASS GEBIESCHELT

ALSO DES HAT
TAADSESCHLUSCH
GEKLABBT, DES MIT
DERE UFFZUCHT VON
DINOS . . . .

Neue Viescher im Zoo

Waan Sie in letzder Zeit maa widder im Frankforder Zoo? Naa?
Sie, dann nix wie hie. Warum? Ei hawwe Sie des net mitgekrieht,
dass des funzjonniert hat, des mit der Entnahme von rebbrodduk-
zionsfäischem Zellgewebe aus Sauriersgeledde vom Senckebersch-
museum?

Des wisse Sie net? Da sinn Sie awwer ganz schee hinnerm
Mond dehaam.

Also: des hat taadseschlisch geklabbt, des mit dere Uffzucht von
Dinos aus de Knoche vonnerem Triceratops un em Diplodocus.
De Triceratops, des is der wo so en Riesekopp hat, mit Mordsher-
ner iwwer Naas un Aache. So aaner war emaa im Frankforder
Nordwestzendrum ausgeschdellt. Aus Plassdigg nadierlich.
Awwer jetz gibts im Zoo en lewendische! Mer glaabts net, wem-
mers net selwer gesehe hat.

Un erst de Diplodocus! Inzwische zwanzisch Meder lang! Wie
hinner vorgehaldener Hand gemungelt werd, deht des Dino-
Freigeheesche im Zoo bald nemmehr ausreische, un mer deht bei
de Schdadt schon iwwerleesche, in de Niddaaue, da wo emaa die
Bundesgaddeschau war, e Extrafreigeheesch schbezziell fer die
Dinos eizurischde.

Da soll aaner saache, in Frankford wer nix los.

Was sinn bidde Baadebidde?

Prowwiernse maa, folschende Setz zu endschlissele:

1 De Kall is en aale Knodderer
2 Isch brauch schdicker siwwe devoo
3 Dem sei Breedscher sinn zu deier
4 De Willi heelt grad Bizzelwasser
5 Middem Ausfluch isses Essisch worn
6 Krimmelkuche hammer kaan mehr
7 De Heiner hat als Knaatsch mit seiner Fraa
8 Des Knabbse schdingt mer allmehlisch
9 Isch krieh den Schlubb net uff
10 So Baadebidde gibts heut nemmehr

Schlissel

1 Karl mault ständig
2 Davon brauche ich etwa sieben
3 Seine Brötchen sind zu teuer
4 Willi holt eben Mineralwasser
5 Das mit dem Ausflug hat nicht geklappt
6 Der Streuselkuchen ist alle
7 Heiner hat dauernd Streit mit seiner Frau
8 Langsam werde ich das Sparen leid
9 Ich bekomme die Schleife im Schnürsenkel nicht auf
10 Solche Badewannen gibt es heute nicht mehr

SO BAADEBIDDE GIBTS HEUT NEMMEHR

So mäscht mer sisch Luft

Wemmer da net aus de Haut fahn kennt!
Ja Himmelhäggoddsaggrament!

Macht doch Euern Dreck allaa!
Himmelhäggoddnochemaa!

Jetz habbisch awwer wägglisch genuch!
Himmel Aasch un Wolgebruch!

Schonn widder zu schbät!
Verfluchtunzugenäht!

Widder nur Schbrisch von de hohe Herrn!
Ja Himmelaaschunzwern!

Die Schbrisch sinn von Ihne, Sie sinn en Dichder?
Hern se bloß uff, isch krieh die Gaasegichder!

Zwischetest 8

Des Folschende is e Iebung in geschriwwenem Hessisch, eischendlisch nur fer Fordgeschriddene. Wenns net so ganz klabbt, net verzwazzele. Es is noch kaan Meisder vom Himmel gefalle. Un de Schlissel finnese wie immer unne uff de Seit.

1 Babette war nirgends zu finden
2 Wir waren todmüde
3 In einer grünen Soße sind sieben Kräuter
4 Am Opernplatz müssen Sie aussteigen
5 In diesen Betten hat keiner gelegen
6 In so einem Auto würde ich nicht herumfahren
7 Die Brötchen vom Bäcker Schmidt schmecken mir nicht mehr
8 Daran ist ohnehin nichts zu verdienen
9 In Sachsenhausen haben wir Rippchen gegessen
10 Der Apfel fällt nicht weit vom Baum

Schlissel

1 Die Babbett waa nerschens (odder ner[j]ens) zu finne
2 Mir waan doodmüd
3 Innere (odder: in ere) griene Soß sinn siwwe Kräuder
4 Am Obernblatz missese ausschdeie
5 In dene Bedder[i] hat kaaner geleesche
6 In some (odder: so eme) Audo deet isch net rumfahn
7 Die Breedscher[i] vom Begger Schmidt schmegge- mer nemmehr
8 Dadraa is so[i] nix zu verdiene
9 Dribbebach hammer Ribbscher gesse[i]
10 De Abbel fellt net weit vom Baam

101

Versjer zum Auswennischlerne

Wenn ebbes verrobbt werd, dann werd es verrisse.
Wemmer behumst werd, dann werd mer beschisse.

Is die Ebbelweiwerdschaft gerackelt voll,
dann isse sozusaache voller als voll,
un mer waaß net wie mer neikomme soll.

Hawwemer dort bis zur Schberrschdund geschleuscht,
dann wern mer leider enausgescheuscht
un kriehn dehaam von de Fraa aa geleuscht.

Wenn mer de Dinne krieht, rennt mer uffs Klo,
nach väzzeh Glas Ebbelwei is des halt so.

Krieht mer die Hugge voll, werd mer verhaache,
hat mer e Schdinkwut, dann blatzt aam de Kraache.

Kadoffelpürree haaßt hier Kadoffelschdambes,
un de Schlamm, den nennt mer hier Schlambes.

Rossbiff un Rumschdick sinn Schdigger von Flaasch,
un de Bobbes is e schee Wort fer eim sein Aasch.

Bei ere Kobbnuss krieht mer aan uff de Deggel,
un e garstisch Sennjohrin, des is e aal Scheggel.

Hat mer O-Baa, kann aam e Wutz dorsch die Baa schlubbe,
hat mer net alle Tasse im Schrank, dann hat mer en Dubbe.

Breggelscher huste, des säscht mer fer kotze,
un was von de Ebbel iwwrisch bleibt sinn Abbelgroddze.

Am Maa endlang

Vergniesche mescht beschdimmt e Faht
mit e paar Freunde uffem Rad,
zum Beischbiel von de Friedensbrick
zur Gerbermiehl, hie un zurick.

Da grieße euch uff euerm Weesch
des Schdedel un de Holbeischdeesch
un scheene Term von unsere Schdatt,
 wie Paulskersch un Sangt Leonhatt.

Die Gerbermiehl is ideal
vorm Rickweesch fer e Zwischemahl.
Vorm Fenster fließt de Maa vorbei,
die Gorschel nunner Ebbelwei.

Aans muss emaa gesacht wern

Guggesemaa, was mir Hesse aus so em eifache Werdsche wie EIN alles fabbrizziern kenne, mer glaabts net!

Hochschbraach

ein anderer
in einer grünen Soße
das muss einem gesagt werden
an einem Tag wie heute
mit einem Schrei
wie für einen gemacht
Warte einmal!
in so einer Lage
Er hat es nicht zu einem Aufsichtsratssitz gebracht
Die eigenen vier Wände sind einem am liebsten

Hessisch

en annere
innere griene Soß
des muss aam gesacht wern
amme (!) Daach wie heut
middem Krisch
wie fer aam(!) gemacht
Waddemaa!
in soerer (sorer) Laach
Zuerem (zurem) Uffsischtsratssitz hadders net gebracht
Aam (!) sei eischne vier Wend sinn aam am liebste

Hats geschnaggelt?

Was bedeude folschende Schbrisch?

1 Dem Heiner deht isch gern emaa aa baddsche
2 Beinah wär isch vom Schdengel gekibbt
3 Des schafft aans!
4 Der kiggt en beese Schdiwwel
5 Geh doch emaa zu em Knochebiescher!
6 Der Schdebbel fersch sisch vorm Niggelees
7 Krieh die Kränk!
8 Ewe hats geschnaggelt
9 De Schorsch is gut iwwer de Winter gekomme
10 Habt Ihr dehaam Sägg vor de Dier?

Schlissel

1 Dem Heiner würde ich gerne einmal eine runterhauen
2 Fast wäre ich umgefallen
3 Das strapaziert einen
4 Der spielt schlecht Fußball
5 Geh doch mal zu einem Chiropraktiker!
6 Der Knirps hat Angst vorm Nikolaus
7 Donnerwetter! (Da schau her!)
8 Eben ist der Groschen gefallen
9 Der Georg hat ganz schön zugenommen
10 Kannst Du nicht die Tür zumachen?!

DER SCHDEBBEL FERSCHT
SISCH VORM NIGGELEES

Wääbung bei Modd

Mir haddes schon efder middem Verschlugge. Verschlugge von ganse Werder, von Silbe un von Buchschdabe.

Wemmer de Hesse genau uffs Maul guggt un sei Ohrn rischdisch schbiddst, werd mer mäcke, dass des r in de Mitt von de Werder en Hang zum Verschwinde zeischt. Ganz verschwinds net, naa, awwer fast. Gut, bei mansche Schbrescher verschwinds todaal.

Isch geb Ihne e paar Beischbiele:

Schonn des Word „Frankforderisch", uns alle so geläufisch, klingt bei viele Hesse so: Frankfodderisch. Wenn misch aaner aus niedrische Beweeschgrind doothääscht, dann isser en Mörder. Awwer es gibt immer noch genuch Hesse die fer „Mödder" die Doodesschdraaf „foddern".

Viele von meine Landsleut in Wissbaade, Dammschdadt odder Offebach finnes Scheise, dass die Krimmis im Fännseh dauernd dorsch „Wääbung" unnerbroche wern.

Isch kannse verschdeh. Modd un Doodschlaach geheert net dorsch Wääbung unnerbroche.

Von Butzlabbe un Tiescherkefische

Bekanndlisch mäscht de Ton die Musick, bassese uff.

In folschende Werder werd des U im Geeschesatz zum Hoch-
deutsche ganz korz geschbroche:

Kuchen: Kuche - Tuch: Duch - Handtuch: Hannduch - Wörter-
buch: Werderbuch - genug: genuch - Zug: Zuch

Bei dene Werder wo jetz komme werd des g zu sch, awwer des
sch muss ganz waasch ausgeschbroche wern, also net so wie in
Schuss oder Schiss:

Siegerkranz: Sieschergranz - Fliegeralarm: Fliescherallamm -
Kriegerverein: Kriescherväein - Tigerkäfig: Tiescherkefisch

Un hier e paa Werder wo ausschbraachemeeßisch alles uffge-
waascht wern muss:

Pappdeckel: Babbedeggel - Putzlappen: Butzlabbe - Suppentöpfe:
Subbedibbe - Stippvisite : Schdibbwisidd - Mittelstürmer: Mid-
delschdermer - Puddingpulver: Buddingbulwer

Un zum Schluss zwaa Schbrisch wo des a die Owwerhand iwwer
annere Buch (bidde des u korz schbresche!) schdabe gewonne hat:

Schau dir mal mein Auge an: Guggdermaa maa Aach aa.
Einmal ist keinmal: Aamaa is kaamaa.

Zwischetest 9

Mehrzahl bidde !

Aa Zebbsche	– zwaa . . . .
Aa Kersch	– zwaa . . . .
Aa Kissje	– zwaa . . . .
Aa Kadoffel	- zwaa . . . .
Aa Bedd	– zwaa . . . .
Aan Schdrump	– zwaa . . . .
Aan Abbel	– zwaa . . . .
Aan Hut	– zwaa . . . .
Aan Aam	– zwaa . . . .
Aaan Sennjohr	– zwaa . . . .

Ergenzung bidde!

En Besserwisser is en Kluuch . . . . Mansche
Leut sinn so lässdisch wie e . . . . mick. Mir
reischts! Jetz hawwe die Bosse e . . . . ! En schee-
ne Trinkschbruch is „ . . . . .dugg
disch!" Isch bin satt, ich kann nemmer . . . .
. . . . saache.
Fer aaam sei Genick kammer . . . . .saache.
Pellkadoffele haaße bei uns aach Ge . . . .
Die Gest hawwe unsern ganze Kuche ver. . . . .
. ., da is kaan K. . . . . iwwrisch gebliwwe.

Schlissel

Klaane Versjer zum Auswennischlerne

Basst mer net uff, duht mer Sache VERSCHLAMBE,
Frisst mer zu viel, ei da schwillt eim sei WAMBE.

Die ANK is e mäckwirdisch Wort fer Genick,
EN DORSCHENE HANDKEES is gut fer Musick.

Wenn ebbes wo klebt, isses AAGEBABBT,
Wenn mer wo neidritt, is mer NEIGEDABBT.

Wenn aaner schbinnt, isser NEWER DE KAPP,
Wenn mer nix waaß, ei da HÄLT MER SEI KLAPP.

Was is en KLOWE? Des is en Schdoffel
Was sinn GEQUELLDE?, Des sinn Pellkaddoffel.

En GEBLODDSCHDE ABBEL, der is net ganz heil,
En BOBBES, des is eim sei Hinnerteil.

Kocht mer dehaam, braucht mer DIBBE un DIBBSCHER,
Geht mer DRIBBDEBACH esse, da schätzt mer die
RIBBSCHER.

En DORMEL is dämlisch odder verpennt,
En DABBES is aaner mit zwaa linke Händ.

Klaane Bubscher un Mädscher, des is KLAA GEWERZEL,
Des Hinnerteil vonnerer Ent is en ENTEBERZEL.

Wenn ebbes BAMBELT, dann schwankts hie un her,
Wenn mer's Geld VERJUCKELT, isses Portmonneh leer.

So kanns em Dischder gehe!

Ihr kennt mers glauwe, liewe Leut:
Isch hätt kaa Mieh un Blaach gescheut.
Isch hätt die Sach schonn dorschgezooche,
hunnertbrozendisch, ungelooche!
Isch hätt geschafft dasses nur so kracht,
isch hätts gepackt, isch hätts gebracht,
wär Daach un Nacht am Ball gebliwwe,
hätt dutzendweis Gedischtscher g'schriwwe,
hätt selbst im Traum und selbst beim Esse
des Reimeschmiede net vergesse,
hätt net geruht un net gerast
bis ei Wort schee zum annern basst,
wär schließlisch ganz groß rausgekomme,
hätt Geld wie Heu grad eigenomme,
mer hätts in Schlaachzeile gelese,
isch wär sogaa im Fännseh gewese!

Awwer erschendwie gings asch denewe.
So isses halt. So is des Lewe.
Grad an die Wand kennt isch misch knalle.
Mir is nix, gaanix eigefalle!

In Word un Bild

ääbsch

Manschmaa fiehlt mer sisch e bissi ääbsch, beischbielsweis im Maache, nach iwwermäßisch viel Handkäs mit Musick un Ebbelwei

aababbe

aaklebe

babsche

Des sescht mer, wenn mer ebbes aababbe duht

Ääm

Körberdeile wie die Fieß, awwer owwe

Baa

Dademit leeft mer

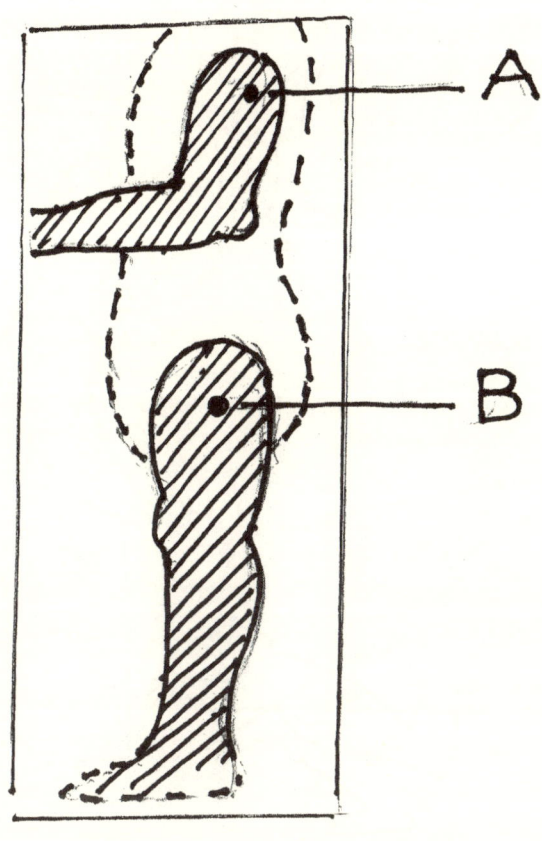

de Digge mache

aagewwe wie e Dutt voll Micke

de Dinne

Dorschfall, aach Dorschmarsch odder flodder Oddo genannt

Dutt

Dadenei kimmt des, was mer beim Aldi eigekaaft hat
En Fechemer Dutt is aaner, wo in Frankfurt-Fechenheim
wohnt. Es muss awwer en mit Maawasser gedaufder Fechemer
sei, kaan Eigeblackde.
Aaner wo aagibt wie Dutt voll Migge, des is en Owweraagebber

eigedellert

E eigedellert Dibbe hat Delle

Fieß

Wodruff mer steht, des sinn Fieß. Manschmaa sinss Bladdfieß odder aach Keesfieß

Flaggersche

e klaa Feuersche

Flitsch

Ohne Flitsch könne Veeschel net fliesche

Gaasegischder

Die kann mer krieje,
wenn aam ebbes forschbaa uff die Näffe geht

gebloddscht

en Abbel, wo vom Baam nunnergefalle und
halwer kabutt is, der is geblooddscht

Gequellde

e anner Wort fer Pellkaddoffele

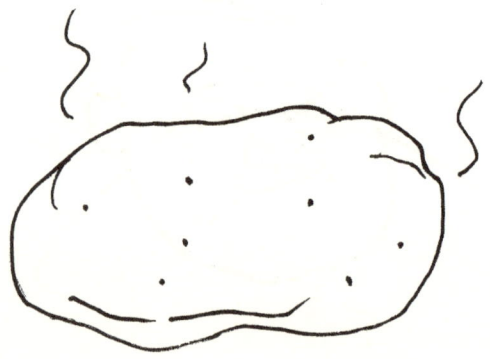

Haan

ebbes was uff aam seim Kobb wächst,
wenn mer kaan Bladdkobb hat

hieborzele

schdolbern un hiefalle

Hannebambel

en guudmiedische Troddel

Kabäusje

en winzische Raum, e klaa Hitt

Kabb

die hat mer uffem Kobb

newer de Kabb

net ganz uffem Debbisch

Klowe

en ungehowelte, mufflische Kerl

Maabootscher

Schuh mit Iwwergreeße

Mebbs

Die geheern zu de seggundäre Geschleschdsmäggmale
von Fraue. Mer kann aach Membel dadezu saache.
Es gibt awwer aach Hunde wo Mebbs haaße.

neidabbe

Wenn mer net uffbasst, dabbt mer beim Schbazzierngeh in
Hundehäufscher nei.

Piddsche

Wenns gereeschent hat, dabbt mer als in Piddsche enei.
Fer Kinner is den en besonnere Schbass.

Schisser

en Angsthaas

Schlambes

uffgewaascht Ääd

verknoddelt

Schniersengel sinn oft verknoddelt, mer krieht se net uff.
Schdatt verknoddelt kann mer aach verworschdelt saache

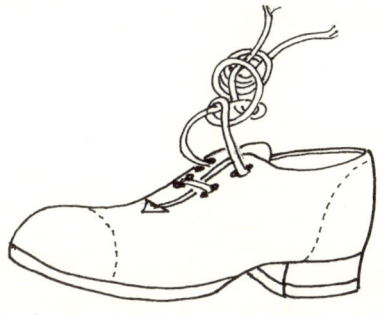

Weljerholz

Daademit kann mer Nudelteisch un Kucheteisch ausrolle.
Fraue begrieße dademit als emaa ihrn Mann, wenner zu schbäät
vom Ebbelwei haamkimmt

Zäbbscher

krieht mer in Abbodeege,
hänge awwer aach an Naadelbeem